Marc Sadowski

Das schnelle
METHODEN
1x1

Digitale
Medien

mit Arbeitsmaterialien

Cornelsen

Der Autor des Bandes

Marc Sadowski arbeitet als Realschullehrer mit den Fächern Sozialkunde und katholische Religion. Darüber hinaus ist er Konrektor in der Funktion des Pädagogischen Koordinators an der Mannlich Realschule Plus Zweibrücken.

Projektleitung: Franziska Wittwer
Redaktion: Barbara Holzwarth, Gröbenzell/München
Umschlagkonzept: Julia Walch, Bad Soden
Umschlaggestaltung: LemmeDESIGN, Berlin
Layout/technische Umsetzung: fotosatz griesheim GmbH

www.cornelsen.de

4. Auflage 2020

© 2014 Cornelsen Schulverlage GmbH, Berlin
© 2018 Cornelsen Verlag GmbH, Berlin

Druck: AZ Druck und Datentechnik GmbH, Kempten

ISBN 978-3-589-03922-7

PEFC zertifiziert
Dieses Produkt stammt aus nachhaltig
bewirtschafteten Wäldern und kontrollierten
Quellen.

www.pefc.de

PEFC/04-31-2260

VORWORT	**5**
METHODEN IM WEB 2.0	**6**
· E-Feedback	6
· Backchannel	8
· E-Portfolio	10
· Interaktive Pinnwand	12
· Interaktive Zeitleiste	14
· Digitaler Karteikasten	16
· Kreatives Schreiben	18
· Kollaboratives Schreiben	20
· Wortwolken in *wordle*	22
· Comic-Generator	24
· Mindmap	26
· Brainstorming	28
· Videoquiz	30
· Audiobeiträge	32
· Interaktive Arbeitsblätter mit QR-Code	34
· Socialbookmarking	36
· Screenshot und Screencast	38
· Digitale Schaubilder	40
· Interaktive Bilderarbeitung	42
· Interaktive Kartenbearbeitung	44
METHODEN AM INTERAKTIVEN WHITEBOARD	**46**
· Punktabfrage	46
· Zielscheibe	48
· Lückentext	50

- Zuordnungen   52
- Fehlersuche   54
- Rollenspiel   56
- Bildersprache/Emoji   58
- Memospiel   60
- Domino   62
- Puzzle   64

METHODEN FÜR SMARTPHONE UND TABLET   **66**

- Apps für Präsentationen   66
- Apps zum Lernen   68
- Apps zur Gestaltung von Mindmaps   70
- Apps zur Gestaltung von Tafelbildern   72
- Apps zur Textverarbeitung   74
- Apps zur Bildbearbeitung   77
- Apps zur Unterrichtsorganisation   79

Für das Thema digitale Medien zeigen Lehrkräfte oft großes Interesse, meist besteht aber noch eine gewisse Unsicherheit bzw. Unzufriedenheit bezüglich deren Einsatz in Schulen. Viele Lehrkräfte wissen zwar, wie die Medienvielfalt angewandt werden kann, wie aber ein sinnvoller didaktisch-methodischer Einsatz im Unterricht erfolgen kann, ist ihnen oft noch unklar. Zudem ist die Vielzahl von Möglichkeiten des Web 2.0 oft eher abschreckend statt motivierend.

Hier setzt dieses Buch an. Es gibt praktische Ratschläge und Hilfestellungen für einen schnellen, unkomplizierten Unterrichtseinsatz von digitalen Medien. Die meisten hier vorgestellten Methoden sind neu und ihr Einsatz ist nur digital möglich. Es gibt aber auch „alte" Methoden, die durch digitale Möglichkeiten verändert und ausgebaut wurden. Dadurch entsteht nicht einfach eine Kopie der herkömmlichen Methode mit neuen Mitteln, sondern die Methoden erhalten durch die größere Aktivität und höhere Motivation der Schülerinnen und Schüler einen Mehrwert.

Das Angebot der Methoden für digitale Medien ist groß. Im vorliegenden Buch werden Methoden des Web 2.0, Methoden für interaktive Whiteboards und solche für Smartphones und Tablets vorgestellt. Innerhalb dieser Bereiche unterscheiden sich die Methoden hinsichtlich ihres Einsatzes in verschiedenen Unterrichtsphasen, Sozialformen, hinsichtlich der Differenzierungsmöglichkeiten, des Zeitaufwands und des Fächereinsatzes. Sie alle haben aber ihren Platz bei einem didaktisch und methodisch sinnvollen Arbeiten in der Schule.

Die Methoden sind für jede Lehrkraft durchführbar, sie sind bewusst einfach in der Erstellung gehalten. Auch sind sie allgemeingültig, das heißt, sie sind nicht auf ein bestimmtes technisches Produkt begrenzt.

→ E-Feedback

Einsatzmöglichkeiten

Die Methode eignet sich
- zur Auswertung und Reflexion,
- zur Selbst- und Fremdeinschätzung,
- zur Beurteilung von Präsentationen/Gruppenarbeiten,
- zur Bewertung von Lernergebnissen.

(Zeitbedarf: ca. 5 Min.)

Vorbereitung

Der Zugang bei *realfeedback.tugraz.at* ist kostenlos, auch für die Erstellung von Feedbacks ist keine Registrierung notwendig, jedoch kommen zusätzliche Funktionen durch ein Login hinzu. Die Schülerinnen und Schüler benötigen eine kurze Zahlenkombination, um die Umfrage beantworten zu können.

Ziel der Methode

Ziel der Methode ist es, dass die Schülerinnen und Schüler anonym und zeitnah ein Feedback zum Unterrichtsprozess abgeben oder bekommen können und dieses übersichtlich ausgewertet wird.

Beschreibung

Überall, wo im Unterricht agiert und reagiert wird, ist ein Feedback wirksam. Es gibt viele Feedbackmethoden, die hierbei eingesetzt werden können. Ein E-Feedback im Internet hat die Vorteile Anonymität, Unmittelbarkeit und sofortige Auswertung der Ergebnisse.

Das passende Programm *RealFeedback* wurde von der TU Graz entwickelt. Es ermöglicht, eine oder mehrere Fragen schnell und einfach ins Internet zu stellen und diese in Echtzeit beantworten zu lassen. Die Antworten können direkt in ausgewerteter Form angesehen werden.

Über die Internetseite *realfeedback.tugraz.at* werden der Fragenkatalog und die jeweiligen Antworten eingetragen. Eine zugeordnete Zahlenkombination ermöglicht der Lerngruppe den Zugang zum Feedback, die Schülerinnen und Schüler können über PC, Smartphone oder Tablet in Echtzeit antworten. Am Ende werden die Ergebnisse des Feedbacks in einem Balkendiagramm dargestellt.

Tipp Ein effektives Feedback ist keine Frage der Methode, sondern eine Einstellungsfrage. Nur ein regelmäßiges Anwenden der Methode und die Bereitschaft für Veränderungen in künftigen Lernprozessen machen ein Feedback erfolgreich.

Variante Das Unterrichtstool *RealFeedback* kann auch für Schülerumfragen verwendet werden. Lassen Sie die Schülerinnen und Schüler eigene Fragebogen entwickeln.

Beispiel

Feedback zum Ausfüllen:

Auswertung und Möglichkeit der Eingabe von neuen Fragen:

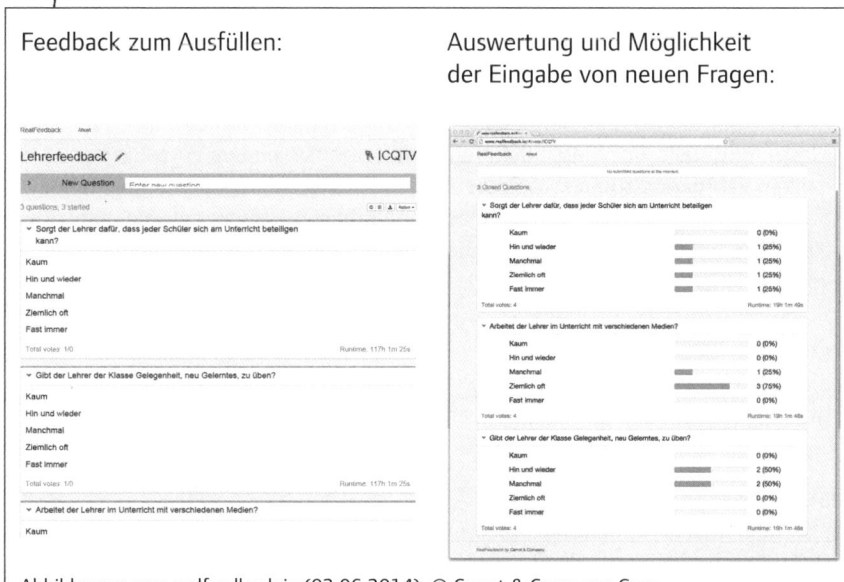

Abbildungen aus: realfeedback.io (02.06.2014), © Carrot & Company, Graz

→ Backchannel

Einsatzmöglichkeiten

Die Methode eignet sich für
- die Erstellung eines unmittelbaren Feedbacks im Unterricht oder bei Vorträgen,
- die direkte Abgabe von Fragen, Kommentaren und Diskussionsbeiträgen im Unterricht über einen zweiten Kommunikationskanal,
- die Aktivierung von zurückhaltenden Schülerinnen und Schülern.

(Zeitbedarf: ca. 5 Min.)

Vorbereitung

Für einen Backchannel in der Klasse empfiehlt sich das Internetprogramm *todyasmeet.com;* es ist kostenlos und ohne Registrierung anwendbar. Das Thema wird auf der Hauptseite eingetragen, dann wird der Link der Klasse mitgeteilt. Für Massenlehrveranstaltungen, wie etwa Vorträge vor ganzen Jahrgangsstufen (am Ende einer Projektwoche, bei der Präsentation von Praktikumsberichten), ist *backchannel.cnc.io* geeignet, hier wird die Gesamtstimmung visualisiert. Die benutzerfreundliche Anwendung ist kostenlos.

Ziel der Methode

Ziel der Methode ist die Erstellung einer zweiten Kommunikationsebene im Unterricht, die zu einem agileren Lehren führen soll.

Beschreibung

Ein Backchannel ist ein zweiter Kommunikationskanal, der im Unterricht und bei Vorträgen genutzt werden kann, um die Lehrsituation für eine direkte Rückmeldung der Schülerinnen und Schüler zu öffnen. Durch die Möglichkeit der unmittelbaren Reaktion wird der Unterricht agiler und schülerzentrierter.
Es gibt unterschiedliche Einsatzmöglichkeiten des Backchannels. Im Unterricht kann eine solche ein Diskussions- oder Frageforum für die Klasse sein. Hier können nicht verstandene Begriffe oder Fragen von Schülerinnen und Schülern formuliert und mithilfe der ganzen Klasse geklärt werden, Diskussionen können geführt oder Meinungen abgegeben werden.
Außerdem kann die Lehrkraft durch den Backchannel ein direktes Feedback bekommen, wie ihr Unterricht verlaufen ist, welche Inhalte noch unklar sind bzw. welche Unterrichtsbausteine von der Lerngruppe positiv bewertet werden.

Präsentationen werden durch den Backchannel dynamischer und offener. Hier ist allerdings Teamarbeit gefragt, da es für einen einzelnen Vortragenden schwierig ist, auf den Backchannel zu reagieren und gleichzeitig den Redefluss beizubehalten. Es bietet sich daher an, dass sich während des Vortrags mindestens ein weiterer Schüler um die Internetrückmeldungen kümmert. Hier können Fragen zum Vortrag direkt beantwortet oder Beiträge nach Wichtigkeit gesammelt und im Anschluss an den Vortrag beantwortet werden.

Auch kann eine Diskussion durch das Präsentationsteam auf dem Backchannel angestoßen werden, hierfür sollten zugespitzte Meinungen oder Fragen vorbereitet werden.

Die Methode kann mit Smartphones, Tablets oder Laptops durchgeführt werden. Zudem besteht bei *todaysmeet.com* die Möglichkeit, das Feedback downzuloaden und danach auszudrucken.

Tipp Zur Einführung des Backchannels sollten die Beiträge nach dem Unterricht oder einem Vortrag analysiert und besprochen werden. Für die direkte Reaktion ist Übung erforderlich.

Variante Bei Vorträgen kann der Backchannel auch direkt am Whiteboard oder mit dem Beamer visualisiert werden.

Beispiel

Das Programm *backchannel.cnc.io* bietet sich bei Massenlehrveranstaltungen an, da hier die Gesamtstimmung visualisiert wird.

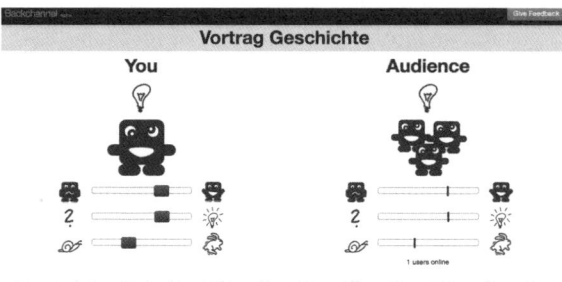

aus: http://backchannel.cnc.io/#/auditor/aqpfp/response (02.04.2014), © Carrot & Company, Graz

→ E-Portfolio

Einsatzmöglichkeiten

Diese Methode eignet sich
- zum Führen von Lerntagebüchern,
- zum Erstellen von E-Portfolios,
- zur Bewertung und Kommentierung von Texten,
- zum Feedback von Schülerinnen, Schülern und Lehrkräften,
- zur Speicherung und Verwaltung von Dateien,
- zur Verteilung und Veröffentlichung von Dokumenten.

(Zeitbedarf: ca. 15 Min.)

Vorbereitung

Es muss ein kostenloses Benutzerkonto bei *Penzu* angelegt werden. Das Mindestalter dafür ist 13 Jahre. Die Lehrkraft kann eine „Klasse" eröffnen und Schülerinnen und Schüler dazu einladen.

Ziel der Methode

Ziel der Methode ist die Dokumentation, Reflexion und Präsentation des Lernprozesses eines Schülers; dies ermöglicht die Entwicklung eines Bewusstseins für den eigenen Lernprozess.

Beschreibung

Penzu ist ein Online-Tagebuch, das auch als E-Portfolio im Unterricht eingesetzt werden kann. Die Schülerinnen und Schüler können darin leicht eigene Texte erstellen und diese mithilfe von einfachen Formatierungsfunktionen verändern, auch das Hochladen von Fotos und die Einbettung von Links ist möglich. Die Lerntagebücher können ganz im Privaten geführt oder mit Klassenkameraden und Lehrkräften geteilt werden. Eine weitere Möglichkeit ist die Veröffentlichung als Tweed oder Facebookeintrag.

Das Webtool eignet sich besonders für den Unterricht, weil es der Lehrkraft ermöglicht, eigene Klassen zu erstellen und Schülerinnen und Schüler dazu einzuladen. In den jeweiligen Klassen können Beiträge leicht veröffentlicht und diskutiert werden oder es können auch per E-Mail Dokumente versendet werden. Die Lehrkraft kann in *Penzu* Einträge der Schülerinnen und Schüler suchen, verwalten und markieren. Schülerdokumente können durch die Lehrkraft während des Arbeitsprozesses kommentiert werden. Auch eine Benotung ist möglich.

Tipp Thematisieren Sie vor der Nutzung von *Penzu,* die Problematik, dass die erstellten Lerntagebücher auf einem Fremdserver gespeichert werden.

Variante Das Lerntagebuch *Penzu* ist auch als App verfügbar.

Beispiel

Die Verwaltung des Online-Klassenraumes ist übersichtlich gestaltet. Bei der Veröffentlichung von Einträgen kann die Zielgruppe genau ausgewählt werden.

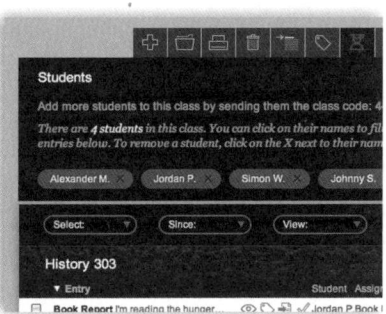 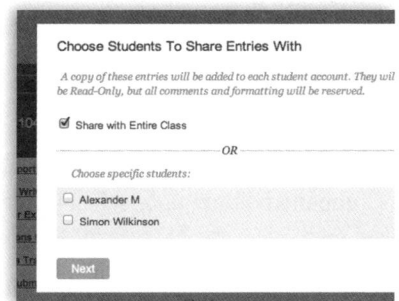

Die Schülereinträge können durch die Lehrkraft bewertet werden. Zur Notengebung steht eine Handschrift zur Verfügung. Beim Korrigieren der Arbeit können im Text Bemerkungen hinzugefügt werden.

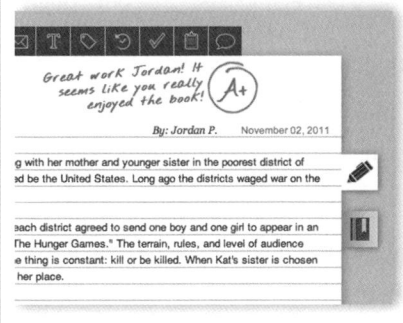 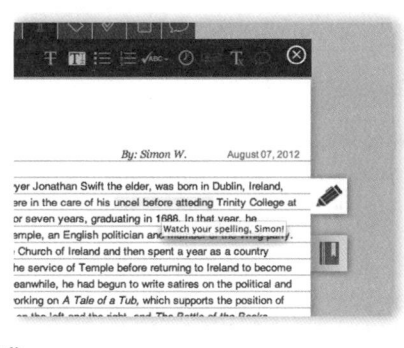

Abbildungen aus: © 2013 Penzu Inc. (02.04.2014)

→ Interaktive Pinnwand

Einsatzmöglichkeiten
Die Methode eignet sich für
- eine Vielzahl von kooperativen Arbeiten im Internet,
- die einfache und schnelle Gestaltung von Internetseiten,
- das Sammeln von Argumenten, Texten, Medien, Webseiten – ob kurz- oder langfristig.

(Zeitbedarf: ca. 10 Min.)

Vorbereitung
Eine Pinnwand ist für 24 Stunden frei bearbeitbar, danach ist dafür eine kostenlose Registrierung notwendig. Für den Zugriff auf die Pinnwand muss der Internetpfad eingegeben werden.

Ziel der Methode
Ziel der Methode ist die schnelle Erstellung einer für die Schülerinnen und Schüler frei verfügbaren Pinnwand im Internet. Sie kann in Einzel- oder Gruppenarbeit mit unterschiedlichen Inhaltselementen gefüllt werden.

Beschreibung
Padlet ist ein webbasierendes Programm, das jedem Nutzer eine kostenlose digitale Pinnwand zur Verfügung stellt. Mit der Auswahl „Build a wall" auf padlet.com wird eine leere Pinnwand erstellt. Da jede Pinnwand eine eigene Webadresse besitzt, kann auf sie nur zugegriffen werden, wenn der Internetpfad bekannt ist. Zusätzliche Benutzereinstellungen, wie etwa Passwortschutz oder Bearbeitungseinstellungen, sind unter „Privacy" zu finden.
Die Pinnwand kann von den Schülerinnen und Schülern als zentrale Sammelstelle im Internet genutzt werden. Eigene Texte oder Bilder können einfach auf die Seite eingetragen werden, aber auch die Verlinkung von Internetseite, Karten, Videos und Bildern ist möglich – all diese Medien erscheinen mit einem Vorschaubild auf der Wand.
Das Programm bietet alle Vorteile des Web 2.0. Ein gemeinschaftliches Arbeiten in Echtzeit ist von überall aus möglich, mobile Geräte können genutzt werden. Das Design der Pinnwand kann individuell gestaltet werden – Hintergrund, Schriftlayout oder Überschriften sind veränderbar. Die Veröffentlichung und das Teilen der Seite auf anderen sozialen Medien wird unterstützt. Wer will, kann die Seiten aber trotzdem noch ausdrucken oder exportieren.

Durch die Vielseitigkeit von *Padlet* gibt es zahlreiche Einsatzmöglichkeiten in der Schule. Hier einige Ideen: Lernposter, Diskussionsforum, Brainstorming, Schwarzes Brett, Zeitstrahl, Feedbackseite, Videowall, Linksammlung, Informationssammlung usw.

Tipp 105 Unterrichtsideen finden Sie unter
http://seanbanville.com/2010/06/26/wallwisher-105-classroom-ideas/

Variante Es gibt noch weitere digitale Pinnwände im Internet, wie etwa *plentypins, pinterest* oder *linoit.*

Beispiel

Die folgende Informationsseite zu London wurde arbeitsteilig in der Gruppe erstellt. Die einzelnen Gruppen mussten zu ihrer Aufgabe im Internet recherchieren und dann entscheiden, welche Ergebnisse sie auf der Pinnwand veröffentlichen.

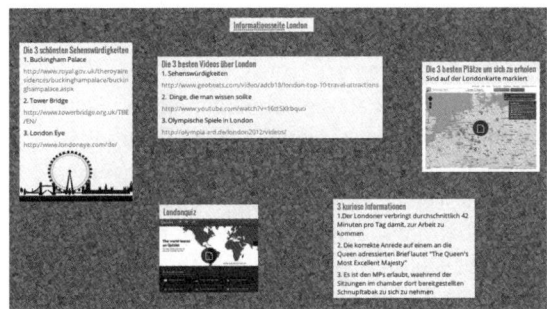

aus: http://padlet.com/wall/efefay7s12 (02.04.2014)
(„Londonquiz": Quizlet.com; „Londonkarte": http://www.openstreetmap.org)

Die Pinnwand kann auch als Diskussionsforum genutzt werden. Arbeitsanweisungen können auf die Pinnwand geschrieben werden.

→ Interaktive Zeitleiste

Einsatzmöglichkeiten

Diese Methode kann verschiedene Funktionen erfüllen:
- ständiges Unterrichtsprotokoll, das fortlaufend bearbeitet wird,
- Hilfe zur Erarbeitung von einzelnen Unterrichtsthemen,
- Wiederholung und Zusammenfassung am Ende einer Unterrichtseinheit.

(Zeitbedarf: ca. 15 Min.)

Vorbereitung

Registrierung bei einem kostenfreien WEB 2.0-Dienst zur Erstellung von Zeitleisten. Hier empfiehlt sich ein Klassenkonto. Bekannte Dienste sind *xtimeline, timeglider, Dipity, timetoaster, myhistro.*

Ziel der Methode

Ziel der Methode ist es, dass die Schülerinnen und Schüler Ereignisse, Entwicklungen und Daten in einen zeitlichen Zusammenhang setzen, sich somit die Vorstellung der historischen Einordnung entwickelt und die Entstehungsgeschichte verstanden wird.

Beschreibung

Nach der Eröffnung eines Nutzerkontos können die Schülerinnen und Schüler Zeitleisten individuell oder zusammen mit anderen erstellen und bearbeiten. Die Zugriffsrechte sollten am Anfang eingestellt werden. Durch Hinzufügen von Ereignissen wird die Zeitleiste gestaltet. Es können passende Medien (Bilder, Videos, Hörbeispiele, Karten, Quelltexte) mit dem Ereignis verbunden werden. Eine Bearbeitung kann auch nachträglich geschehen. Zu den einzelnen historischen Momenten kann mit einem Scrollbalken navigiert werden, wenn bestimmte Geschehnisse ausgewählt werden, können zusätzliche Hintergrundinformationen oder Verlinkungen erscheinen. Auch eine Kommentierung der Zeitleisten ist bei den meisten Anbietern möglich.

Tipp Das Recherchieren nach fertigen Zeitleisten kann im Unterricht ebenfalls sinnvoll sein und unterschiedlich eingesetzt werden (Besprechung, Überprüfung, Bewertung).

Variante Biografien, zeitliche Abläufe von Experimenten, Lernpläne und vieles mehr können mithilfe von Zeitleisten dargestellt werden.

Beispiel

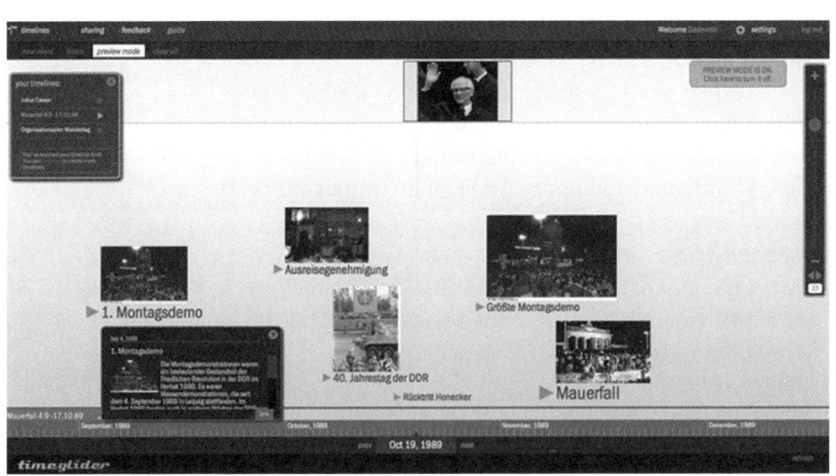

aus: www.timeglider.com (02.04.2014)

Erklärungen:
1. Auswahl der eigenen Zeitleisten: Beim Anklicken einer Zeitleiste öffnet sich ein Menü, welches folgende Auswahl anbietet: neue Einträge, Übersichtslisten, Einstellungen/Beschreibung der Zeitleiste, Veröffentlichung, In- und Export-CSV-Dateien.
2. Bedienungsleiste: Hier können allgemeine Einstellungen zur Veröffentlichung und Bearbeitung gemacht werden. Unter „guide" befindet sich eine Anleitung zur Erstellung von Zeitleisten.
3. Die obere Ansichtsleiste kann vergrößert oder verkleinert werden. Es kann bei der Erstellung ausgewählt werden, wo die Ereignisbilder erscheinen.
4. Zoomeinstellung der Zeitleiste
5. Beim Anklicken eines Ereignisses erscheint ein Informationskasten. Dieser kann Hintergrundinformationen, Bilder, Verlinkungen, Audiodateien oder Videos enthalten.
6. Die Zeitleistenskala kann bewegt werden.
7. Beim Anklicken erscheint ein *Youtube*-Video. Es können mehrere Informationskästen in einer Zeitskala geöffnet sein.

→ Digitaler Karteikasten

Einsatzmöglichkeiten

Diese Methode eignet sich für

- das Lernen eines Wortschatzes oder von Definitionen,
- das Üben der Aussprache und Schreibweise von Wörtern,
- die selbstständige oder gemeinsame Erstellung von Karteikartensets,
- die Mitnutzung von über 20 Millionen Karteikartensets.

Vorbereitung

Die Schülerinnen und Schüler können ohne Anmeldung auf *Quizlet* üben. Mit einem eigenen Account haben sie aber zusätzliche Möglichkeiten wie Karteikartensets erstellen und speichern, Gruppen einrichten, Lernfortschritte kontrollieren und die Druckfunktion nutzen. Für bis zu acht Klassen ist der Account kostenlos, für ein Upgrade (Kostenpunkt 15 $ im Jahr) können mehr Klassen und eigene Grafiken genutzt werden.

Ziel der Methode

Ziel der Methode ist das selbstständige Üben von Vokabeln, Begriffen oder Definitionen. Das Programm ermöglicht einen individuellen Lernprozess für jeden Schüler sowie kooperatives Arbeiten.

Beschreibung

Quizlet ist ein webbasierendes Karteilernprogramm, es können eigene Karteikartensets erstellt oder die vorhandenen Sets genutzt werden. Der Schwerpunkt liegt auf Fremdsprachen, jedoch kann auch in anderen Fächern damit gearbeitet werden.

Das Programm bietet viele Möglichkeiten, mit Karteikarten (sogenannten „Flashcards") zu lernen: Der Nutzer kann sich die Karten anschauen, sie schreiben, hören oder spielerisch mit den Spielen „Scanner" und „Space Race" lernen. Zusätzlich gibt es einen Testbereich: Hier kann zwischen Einsetzübungen, Zuordnungen, Multiple-Choice-Aufgaben und Wahr/Falsch-Fragen ausgewählt werden. Die Erfolgsquote des Lerners wird in einer Statistik angegeben.

Bei der Druckfunktion hat der Nutzer die Auswahl zwischen verschiedenen Vokabellisten und Karteikarten in unterschiedlichen Größen.

Ein großer Vorteil des Programms ist, dass der Lernprozess individuell auf den User angepasst wird und bei der Erstellung und Nutzung der Karteikarten kooperatives Lernen gefördert wird. Karteikartensets von anderen Nutzern können kopiert, bearbeitet oder mit dem eigenen zusammengeführt werden.

Zudem beinhaltet das Programm die Möglichkeiten des Web 2.0: Karteikarten-sets können über Facebook und Twitter „geteilt" werden, die Diskussion über und Kommentierung von Sets ist möglich, über *flickr* können kostenlos Bilder verwendet werden, mobiles Lernen mit der dazugehörigen App, die Erstellung eines Embed Codes für die Einbindung in *moodle* oder in einen Blog steht zur Verfügung.

Tipps
- Die aus den Karteikarten erstellten Tests können ausgedruckt und zur Lernzielkontrolle verwendet werden.
- Die Aufteilung der Vokabeleingabe in einer Lerngruppe verringert den Arbeitsaufwand für den Einzelnen. Beim kontinuierlichen Arbeiten mit *Quizlet* wird schnell eine Vielzahl von Kartensets erstellt.

Variante Die App zu diesem Programm ermöglicht einen sinnvollen Einsatz von Handys im Unterricht.

Beispiel

Beispiel für ein Karteikarte; darunter können die verschiedenen Lernpro-gramme, Spiele und Tools ausgewählt werden:

aus: http://quizlet.com/24682279/flashcards (02.04.2014)

→ Kreatives Schreiben

Einsatzmöglichkeiten

Die Methode eignet sich für
- die Erstellung von Bildergeschichten,
- die Besprechung von eigenen oder fremden Erzählungen,
- die Rekonstruktion von Geschichten, Märchen oder Legenden.

(Zeitbedarf: ca. 15 Min.)

Vorbereitung

Das Lesen von Bildergeschichten ist ohne Anmeldung möglich. Für alle weiteren Tätigkeiten empfiehlt es sich, einen Klassenaccount zu erstellen: Hier können bis zu 40 Schülerinnen und Schüler angemeldet werden, die für den Zugang einen eigenen Benutzernamen und ein Passwort bekommen.

Ziel der Methode

Ziel der Methode ist die kreative Schreib- und Leseförderung. Durch eigene Veröffentlichungen sowie kooperatives Arbeiten und das Kommentieren von fremden Bildergeschichten wird auch die Sozialkompetenz gefördert.

Beschreibung

In *Storybird* können Bildergeschichten mit vorgegebenen Bildern und eigenen Texten gestaltet werden. Nach dem Einrichten eines Lehrkraftaccounts können die Schülerprofile erstellt werden, bei größeren Klassen ist das Uploaden von Listen möglich. Es kann ausgewählt werden, ob die Klassenkommunikation privat oder öffentlich verlaufen soll. Auch kann die Lehrkraft Schreibanlässe und Bildersets vorgeben oder frei wählen lassen.

Die Gestaltung von eigenen Bildergeschichten in *Storybird* fängt mit der Auswahl eines Bildersets an. Die Sets wurden von Künstlern professionell gestaltet und enthalten eine Vielzahl zueinander passender Bilder. Der User kann unter über 500 Bildersets auswählen, die in Kategorien unterteilt sind bzw. über eine englische Schlagwortsuche gefunden werden können. Zur Gestaltung einer Buchseite können die einzelnen Bilder eines Bildersets in die Seite hineingezogen werden, am Rand wird der Text eingefügt. Eine Übersichtsleiste befindet sich unter der Buchseite, das Programm kann in Einzel- oder Gruppenarbeit genutzt werden. Die entstandenen Bildergeschichten können von anderen Schülerinnen und Schülern kommentiert, „geherzt" oder von der Lehrkraft mit einem digitalen Sticker ausgezeichnet werden. Auch können die Geschichten leicht auf anderen sozialen Medien geteilt oder in Wikis, Blogs oder auf Schulhomepages verlinkt werden.

Tipp Für das Ausdrucken der Bildergeschichten muss eine kostenpflichtige Mitgliedschaft abgeschlossen werden (Monatsgebühr 9 $) – diese lohnt sich am Jahresende, dann können alle bisher gespeicherten Arbeiten ausgedruckt werden.

Variante Erstellen Sie eigene Bildersets mit Ihrer Klasse und veröffentlichen Sie diese auf *storybird.com*.

Beispiel

Auswahlmenü für Bildersets (sogenannte *tags*). Passende Bildkarteien zu „talking" werden in der Mitte angezeigt. Am linken Rand befinden sich weitere Set-Vorschläge und ein Suchfeld.

aus: http://storybird.com/tags/talking/artwork/ (02.04.2014), © www.storybird.com

Zur Gestaltung einer Buchseite können die einzelnen Bilder eines Bildersets in die Seite gezogen werden, am linken Rand kann Text eingefügt werden. Eine Übersichtsleiste befindet sich unter der Buchseite.

aus: http://storybird.com/books/die-prinzessin-2/edit/ (02.04.2014), © www.storybird.com

→ Kollaboratives Schreiben

Einsatzmöglichkeiten

Die Methode eignet sich für
- das gleichzeitige Bearbeiten eines Textes,
- das Zusammentragen von Notizen,
- Brainstorming,
- eine direkte Textdiskussion.

(Zeitbedarf: ca. 5 Min.)

Vorbereitung

Das webbasierende Programm *titanpad* benötigt keine Registrierung und ist kostenlos. Nach der Eröffnung eines neuen Textblatts können die Schülerinnen und Schüler mit dem dazugehörigen Internetpfad oder einer E-Mail-Einladung daran mitarbeiten.

Ziel der Methode

Ziel der Methode ist die Sensibilisierung der Schülerinnen und Schüler für den Schreibprozess, die gemeinschaftliche Erarbeitung von Texten und die Förderung der Lese- und Rezeptionskompetenz.

Beschreibung

Mit dem Programm *titanpad* können bis zu 16 Schülerinnen und Schüler gleichzeitig an einem Text arbeiten. Die Veränderungen im Text können in Echtzeit mitverfolgt werden. Damit die Textarbeit der einzelnen Mitwirkenden eindeutig erkennbar ist, bekommt jeder Nutzer eine Farbe zugeordnet, seine Texte werden mit der entsprechenden Farbe hinterlegt.

Die Anzahl der Schreiber kann sich während des Schreibprozesses ändern, da jederzeit neue Schülerinnen und Schüler einsteigen oder andere sich ausloggen können. Für Absprachen über die Arbeitsweise hat *titanpad* einen internen Chat, hier können die Beteiligten sich austauschen und diskutieren.

Mit der Programmfunktion „Timeslider" können die Veränderungen im Text auf einer Zeitleiste nachverfolgt oder rückgängig gemacht werden. Damit ist auch für alle einsehbar, welche älteren Einträge von Autoren überarbeitet oder gelöscht wurden.

Die fertiggestellten Dokumente können als PDF- oder Word-Datei exportiert werden.

Tipp Am Anfang sollten nicht zu viele Nutzer gleichzeitig an einem Text arbeiten, sondern idealerweise drei bis vier Schülerinnen und Schüler zeitversetzt.

Variante Die Programme *etherpad* und *gobby* sind Alternativprogramme zu *titanpad*.

Beispiel

Das Programm *titanpad* ermöglicht das gemeinschaftliche Arbeiten von mehreren Personen an einem Text in Echtzeit:

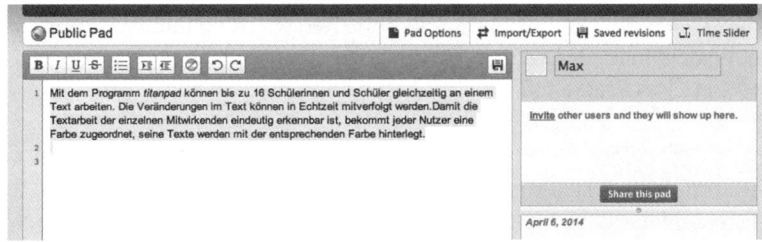

aus: http://titanpad.com/5ljNzxrvvx (06.04.2014), © http://titanpad.com

Mit der Funktion „Timeslider" kann der Schreibprozess nachverfolgt werden:

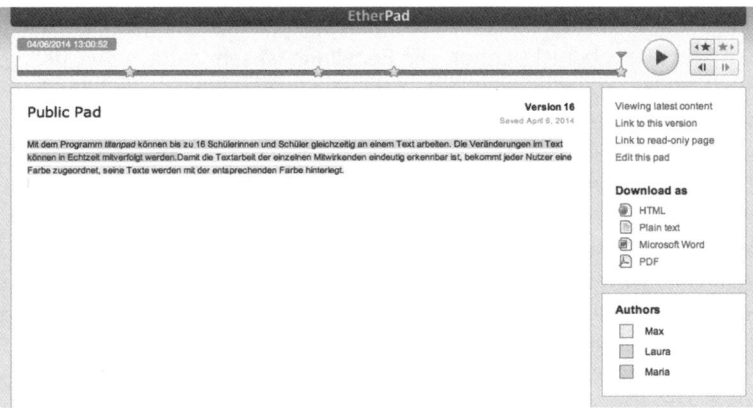

aus: http://titanpad.com/ep/pad/view/5ljNzxrvvx/latest(06.04.2014), © http://titanpad.com

→ Wortwolken in *wordle*

Einsatzmöglichkeiten
Die Methode eignet sich für
- die Visualisierung von Texten,
- die grafische Hervorhebung von Schlüsselwörtern,
- die Wiederholung von Textinhalten,
- das Anfertigen von Textpuzzle,
- kreative Schreibanlässe.

(Zeitbedarf: ca. 2 Min.)

Vorbereitung
Das Programm *wordle* ist kostenlos und ohne Registrierung nutzbar. In ein Bedienungsfeld muss der entsprechende Text eingegeben oder hineinkopiert werden. Das Programm arbeitet diesen dann grafisch auf.

Ziel der Methode
Ziel der Methode ist die Visualisierung und Sammlung von Schlüsselbegriffen (bestehend aus Wörtern, die in einem Text häufig vorkommen).

Beschreibung
Mit *wordle* kann kostenlos und ohne Registrierung eine Wortwolke angefertigt werden, die – grafisch ansprechend – die Häufigkeit der Nennung von einzelnen Wörtern in einem Text berücksichtigt. Die Erstellung ist sehr einfach: Auf der Internetseite *wordle.net* muss zunächst „create" ausgewählt und dann der Text in das Eingabefeld hineinkopiert oder geschrieben werden. Das Programm fertigt nun eine Wortwolke zum Text an.

Durch verschiedene Menüfunktionen können die Schriftart, Farbe und das Layout geändert werden. Im Menüpunkt „Layout" sind die Schriftausrichtung und die Wortanzahl einstellbar, Letztere liegt in der Regel bei 150, eine Anzahl, die für Texte im Unterricht meist zu groß ist und daher verändert werden sollte.

Die fertigen Wortwolken können mit einem Embed Code in die eigene Webseite eingebunden oder ausgedruckt werden. Da keine Speicherung von Bilddateien möglich ist, muss für die weitere Nutzung auf Arbeitsblättern ein Screenshot gemacht werden, dann ist das Einfügen der Wortwolke in eine Textdatei möglich. Vor der Abspeicherung der Wortwolken muss beachtet werden, dass diese für jeden frei zugänglich sind. Will man dies nicht, empfiehlt es sich, nicht zu speichern. Durch das Hervorheben von Wörtern nach ihrer Häufigkeit ermöglicht das Webtool im Unterricht einen unmittelbaren Einblick in die Semantik eines Textes.

Dies kann für den Einstieg in einen Text oder für seine Analyse sehr hilfreich sein, da die Schülerinnen und Schüler einen kreativen Zugang zum Text bekommen. Auch eignet sich das Programm für die Erstellung von Textpuzzle und kreativen Schreibanlässen.

TiPP In der Kombination mit kollaborativen Schreibtools kann auch ein Brainstorming oder Feedback als Wortwolke angefertigt werden.

Variante Zur Darstellung von ganzen Sätzen in den Wortwolken müssen die Leerzeichen durch ein Symbol ersetzt werden, hier bieten sich die Rechenzeichen – oder + an.

Beispiel

Zwei Wortwolken aus *wordle* – mit 150 Wörtern und mit 30 Wörtern:

Textpuzzle oder Textwiederholung: Welches Märchen befindet sich in der Wortwolke, können Sie es nacherzählen?

Abbildungen aus: http://www.wordle.net/create (02.04.2014), © http://www.wordle.net

→ Comic-Generator

Einsatzmöglichkeiten

Die Apps eignen sich für
- die Erstellung vom Comics und Bildergeschichten,
- Dialogtraining im Fremdsprachenunterricht,
- kreative Textarbeit: Nacherzählung oder Fortsetzungsgeschichte als Comic erstellen,
- Vokabeltraining.

(Zeitbedarf: ca. 5 Min.)

Vorbereitung

Das Programm *makebeliefscomix.com* bietet eine kostenlose Nutzung ohne Registrierung. Eine Speicherung der Comics ist nicht möglich, darum sollten die Werke entweder ausgedruckt oder per E-Mail archiviert werden.

Ziel der Methode

Ziel der Methode ist die selbstständige, selbstverantwortliche und kreative Erstellung von Comics. Dies kann für kreative Textarbeit oder für die visuelle Erarbeitung von Lerninhalten genutzt werden.

Beschreibung

Comics sind bei den Schülerinnen und Schülern eine beliebte Lektüre. Aber selbst einen Comic erstellen? – Mit dem Web 2.0-Tool *makebeliefscomix.com* ist dies leicht und schnell umsetzbar.

Mithilfe des Programms können zwei bis vier Panels (einzelne Szenen in einem Comic) erstellt werden. In die jeweiligen Bilder können Figuren, Sprechblasen, Hintergrundbilder und Objekte eingefügt werden. Man kann bei den eingefügten Elementen die Größe verändern und sie spiegeln. Bezüglich der Figuren gibt es sogar die Auswahl zwischen verschiedenen emotionalen Ausdrücken.

Wenn ein Comic fertiggestellt wurde, kann dieser entweder ausgedruckt oder per E-Mail verschickt werden, eine Speicherung ist nicht möglich.

Tipp Auf der genannten Internetseite gibt es eine große Auswahl von vorgefertigten Geschichten, die thematisch geordnet sind. Hier findet man Anregungen, Vorlagen und Geschichten zum Weitererzählen.

Variante Das Web 2.0-Tool *pixton.com/de* hat mehr Funktionen und Vorlagen zu bieten als *makebeliefscomix.com,* ist aber kostenpflichtig.

Beispiel

Das Programm *makebeliefscomix.com* ist intuitiv zu bedienen und bietet eine große Auswahl an vorgefertigten Zeichenobjekten.

Mehrere hundert Comics und Vorlagen können kostenlos ausgedruckt werden.

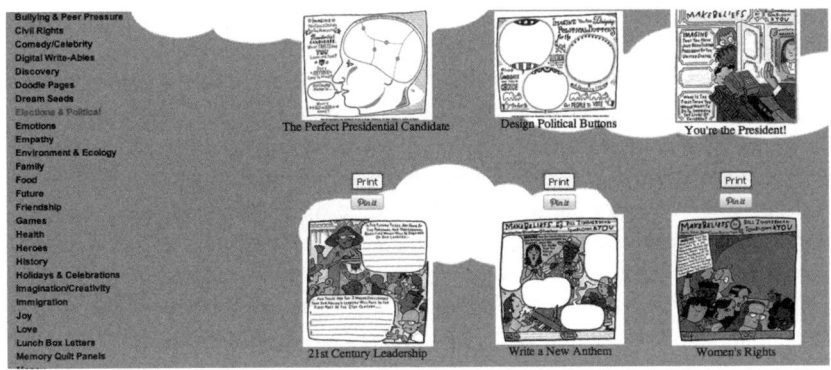

Abbildungen aus: http://www.makebeliefscomix.com (02.04.2014), © Bill Zimmermann, New York/www.makebeliefscomix

→ Mindmap

Einsatzmöglichkeiten

Die Methode eignet sich dafür
- Textinhalte zusammenzufassen,
- (Vor)Wissen zu strukturieren,
- ein Projekt zu planen,
- eine Prüfung vorzubereiten

(Zeitbedarf: ca. 15 Min.)

Vorbereitung

Eine kostenlose Registrierung mit einem Klassenaccount ist bei folgenden Programmen möglich: *wisemapping, mind42* und *popplet.* Bei *bubbl.us* ist das Arbeiten auch ohne Registrierung möglich, man kann dann allerdings nicht speichern.

Ziel der Methode

Ziel der Methode ist die individuelle, flexible und kreative Strukturierung von Themen.

Beschreibung

Im Internet gibt es eine große Auswahl von Programmen, mit denen umfangreiche Mindmaps in Einzel- oder Gruppenarbeit erstellt werden können. Meistens gibt es auch die Möglichkeit, verschiedene andere Medien mit einzubeziehen. So können Verlinkungen, Bilder oder Videos in die Mindmap eingefügt werden. Die Grundstruktur der Programme ist in der Regel gleich, aber sie unterscheiden sich hinsichtlich der Bedienungsoberfläche, des Designs und der Zusatzfunktionen. Bei den kostenlosen Basisversionen wird die Thematik platziert, danach können die Hauptstränge in unterschiedlichen Farben eingefügt werden. Mit dem Einfügen der Nebenstränge wird die Mindmap erweitert und vervollständigt. Abschließend werden die Stränge und Begriffe noch mit Grafiken bzw. Cliparts veranschaulicht. Eine freie Verschiebung der Mindmap-Bestandteile ist bei fast allen Programmen möglich. Das Programm *wisemapping* bietet auch das gemeinsame Arbeiten an der Mindmap an. Hierfür können andere Personen eingeladen und die Mindmap kann für die Editierung freigeben werden. Die fertigen Mindmaps können entweder privat gespeichert, öffentlich gemacht oder ausgedruckt werden.

Tipp Mit interaktiven Whiteboards können die Schülerinnen und Schüler ihre Mindmaps leicht präsentieren.

Variante Als Differenzierungsmöglichkeit kann die Lehrkraft vorgefertigte Strukturen im Speicherort der Programme anbieten.

Beispiel

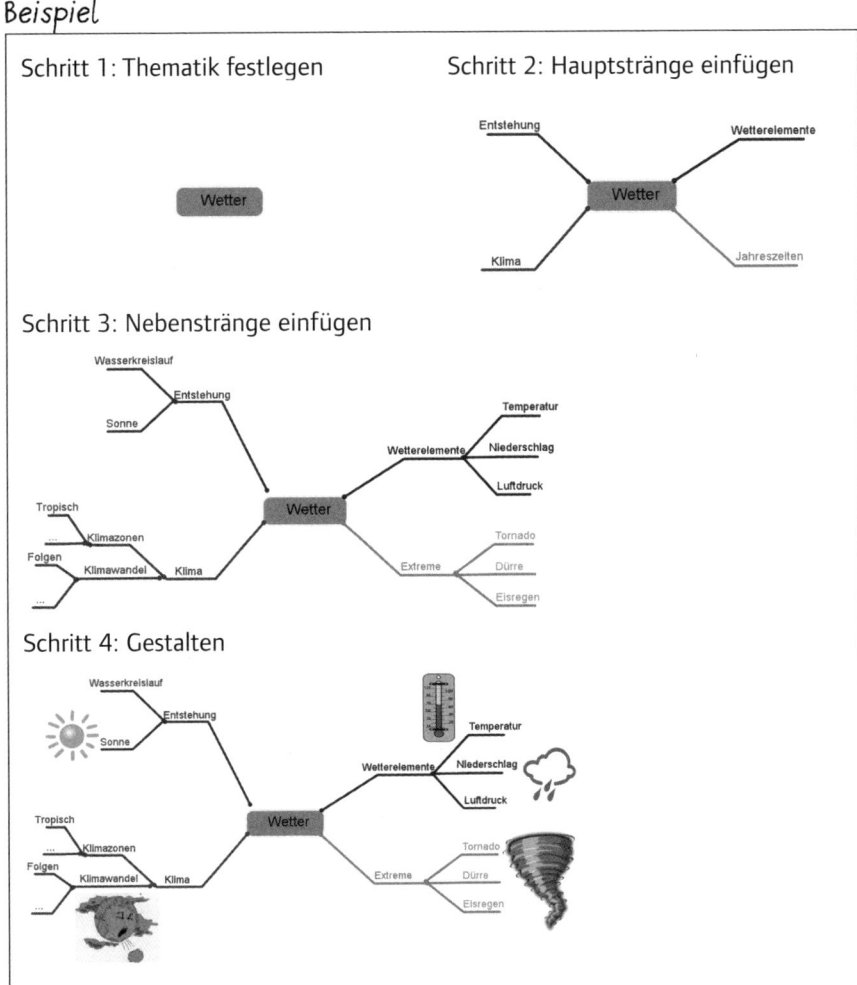

Schritt 1: Thematik festlegen

Schritt 2: Hauptstränge einfügen

Schritt 3: Nebenstränge einfügen

Schritt 4: Gestalten

→ **Brainstorming**

Einsatzmöglichkeiten

Die Methode eignet sich für
- die Sammlung von (spontanen) Ideen und Vorwissen zu einem bestimmten Thema,
- die Anregung von kreativen Denkprozessen,
- die Meinungsäußerung ohne ablehnende Kritik,
- gegenseitige Inspiration,
- die Abstimmung und Kommentierung von Beiträgen.

(Zeitbedarf: ca. 15 Min.)

Vorbereitung

Zugang und Nutzung sind bei *tricider.com* kostenlos und man benötigt keine Registrierung. Die Schülerinnen und Schüler können durch die Bekanntgabe des Internetpfades an der Befragung teilnehmen oder durch eine E-Mail, per *Twitter* und *Facebook* dazu eingeladen werden.

Ziel der Methode

Ziel der Methode ist eine Sammlung vieler spontaner und ungehemmter Ideen zu einem Thema, die zur kreativen Problemlösung genutzt werden können. Die Abstimmungsmöglichkeit erleichtert den Bewertungsprozess.

Beschreibung

Die deutschsprachige Anwendung *tricider.com* ermöglicht es, ein Brainstorming mit einer Abstimmung und der Kommentierung der Nutzer zu verknüpfen. Am Anfang des Brainstormings steht die Frage- bzw. Themenstellung auf *tricider.com*. Dann ist die Seite für eine von der Lehrkraft festgelegte Zeitdauer geöffnet. Die Schülerinnen und Schüler können ihre Ideen und Antworten auf der Seite veröffentlichen, andere Einträge kommentieren und darüber abstimmen. Alle Beiträge müssen unter Angabe des Namens erstellt werden. Das Programm ermöglicht es, zu den Beiträgen Bilder, Beschreibungen und Links hinzuzufügen. Unter „Einstellungen" können die Dauer und das Design verändert werden.

Durch die Übersichtlichkeit des Programms können die Ergebnisse leicht bewertet und besprochen werden.

Zusätzliche Funktionen, wie etwa Statistik oder ein internes Gewinnspiel, können mit einer kostenpflichtigen Registrierung verwendet werden.

Tipp Denken Sie bei der Nutzung der Methode an die richtige Vorgehensweise beim Brainstorming: Einleitung, Ideenfindung, Bewertung.

Variante Das Programm *tricider.com* kann auch als Feedback- oder Diskussionswerkzeug genutzt werden.

Beispiel

Die Teilnehmer des Brainstormings können per E-Mail, *Facebook, Twitter* oder URL eingeladen werden. Eine Registrierung ist also nicht notwendig.

Tricider kann vielfältig eingesetzt werden. Das kostenlose Brainstormingprogramm ermöglicht die Ideensammlung zu einem von der Lehrkraft vorgegebenen Thema. Eine Pro- und Kontra-Diskussion und eine Abstimmung über die Ideen können ebenfalls durchgeführt werden.

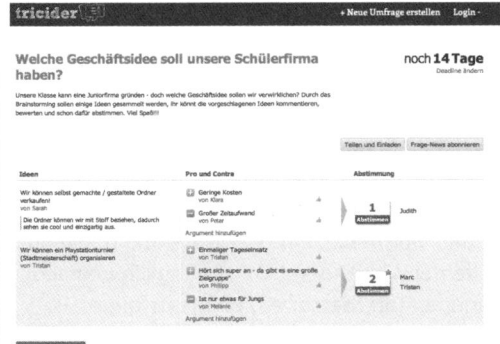

Abbildungen aus: https://tricider.com/de/admin/1VSYN/3afD0l (06.04.2014), © Tasquade GmbH, Berlin

→ Videoquiz

Einsatzmöglichkeiten
Die Methode eignet sich für
- Hörverstehensübungen,
- die Erstellung eines interaktiven Quiz, von Multiple-Choice-Aufgaben oder eines Lückentexts zu einem Video,
- die Ergänzung von Videos, z. B. um Lernaufgaben, Übersetzungshilfen.

(Zeitbedarf: ca. 30 Min.)

Vorbereitung
Die Registrierung bei *eslvideo.com* ist kostenlos. Ein passender Clip kann hochgeladen oder vorher im Internet ausgewählt werden. Nach der Videobearbeitung kann das Video mithilfe der passenden URL für die Schülerinnen und Schüler bereitgestellt werden.

Ziel der Methode
Ziel der Methode ist die Förderung des Hörverständnisses durch die Verknüpfung eines Videos mit dazugehörigen Lernaufgaben.

Beschreibung
Mit dem Einsatz von *eslvideo.com* können Videos aus *Youtube* oder aus anderen Filmquellen im Internet mit unterschiedlichen Lernaufgaben verbunden werden. Die Lehrkraft hat vielfältige Möglichkeiten, ein Video zu editieren. Es können beim Abspielen eines Videos z. B. Multiple-Choice-Aufgaben, Übersetzungen oder Bemerkungen erscheinen und von den Schülerinnen und Schülern bearbeitet werden. Dabei kann eine Leistungsdifferenzierung stattfinden, denn es besteht die Auswahl zwischen vier verschiedenen Leistungsstufen.

Auf *eslvideo.com* befindet sich eine Vielzahl von Videos, die mit Aufgaben verbunden sind. Diese sind nach Inhalt und Schwierigkeitsstufen gegliedert und können sofort im Unterricht eingesetzt werden. Hierfür ist keine Registrierung notwendig. Die Videos können der Klasse mithilfe der passenden URL zugänglich gemacht werden. Auch die Einbettung auf eigenen Internetseiten/Lernplattformen ist möglich.

Bei dieser Methode müssen besonders die Urheberrechte beachtet werden; einige Videos sind auf *eslvideo.com* nicht abspielbar, weil die GEMA die Rechte dafür nicht einräumt.

Beispiel

Nach der Registrierung können Videos mit der zugehörigen URL auf den Account hochgeladen werden. Das Quiz muss man mit einem Titel und einer kurzen Beschreibung versehen, dann können einzelne Fragen bzw. Lernaufgaben hinzugefügt werden. Mit „Add a question" werden weitere Fragen generiert. Das Quiz kann unter „My Account" angesehen und verändert werden.

4) Add questions, answers, a transcript, and notes to your quiz.

Edit: Language   Video   Title   Description   Questions   Transcript   Notes
        Level   Thumbnail

Add a question.

Question:

Option 1:

Option 2:

Option 3:

Answer (must be identical to correct option):

(Send)

5) Proofread your quiz and edit as needed.

CREATE A QUIZ

Create a Quiz: Step 2

Use the form below to add to/edit your quiz.
When finished, click the My Account button above to view your quiz.

aus: http://www.eslvideo.com/esl_video_quiz_low_intermediate.php?id=11160 (02.04.2014),
© www.eslvideo.com

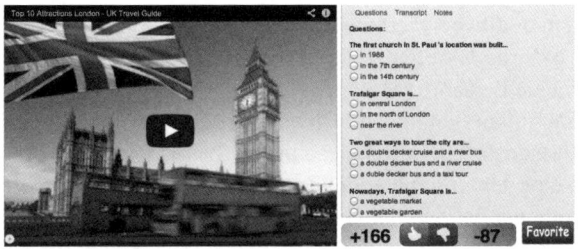

aus: http://www.eslvideo.com/eslvideo_how_to.php (02.04.2014), © www.eslvideo.com

Wenn das Video abgespielt wird, können auf der rechten Seite die dazugehörigen Hörverständnisfragen beantwortet werden. Eine Bewertung und Kommentierung der Videos ist ebenfalls möglich.

→ Audiobeiträge

Einsatzmöglichkeiten
Die Methode eignet sich für
- Hörverstehensaufgaben,
- die Produktion von Hörspielen und von Audio-Wissenbeiträgen,
- die Veröffentlichung von musikalischen Beiträgen.

(Zeitbedarf: ca. 5 Min.)

Vorbereitung
Das Programm *audioboo* verlangt eine kostenlose Registrierung im Internet, hier empfiehlt sich ein Klassenaccount. Der PC muss ein Mikrofon haben.

Ziel der Methode
Die Förderung des Hörverstehens und das Anfertigen von Audiobeiträgen.

Beschreibung
Mit dem Programm *audioboo* können kleine Audiodateien von bis zu drei Minuten Länge am PC, Tablet und mit dem Smartphone aufgenommen bzw. hochgeladen werden. Der Zugriff von Schülerinnen und Schülern auf die Audiodatei kann auf unterschiedliche Weise geschehen: Durch die eigene URL, einen QR-Code, einen Podcast oder über das Nutzerprofil. Das Programm erlaubt registrierten Nutzern auch die Kommentierung und Bewertung der Hörstücke.
Für den Unterricht bietet das Webtool vielfältige Möglichkeiten:
Durch den Einsatz eines rein auditiven Mediums wird das Hörverständnis der Schülerinnen und Schüler gefördert. Aufgaben zum Hörverständnis sind nicht nur in den Fremdsprachen eine bewährte Methode.
Dank der einfachen Bedienung können im Unterricht leicht eigene Audiodateien erstellt werden. Je nach Klassenstufe können diese unterschiedlich produziert werden. Am Anfang sollte eine Textvorlage abgelesen werden, als Zwischenstufe eignet sich ein freier Beitrag anhand eines Stichwortzettels, später können gänzlich freie Sprechbeiträge versucht werden.
Geübte Lerngruppen werden auch Freude daran haben, ein Hörspiel anzufertigen. Hier kann ein Text Ausgangspunkt sein, den die Schülerinnen und Schüler versuchen, akustisch umzusetzen. Eine weitere Möglichkeit ist die Erstellung eines Radiofeatures. Dabei verbinden die Schülerinnen und Schüler Interviews, Musik und Hintergrundinformationen zu einer künstlerischen Reportage.
Die Audiobeiträge sollten in Gruppenarbeit produziert werden, die offene Arbeitsform ermöglicht die individuelle Differenzierung in der Klasse.

Tipp Die Audiodateien können vor der Veröffentlichung mit dem kostenlosen Programm *audacity* bearbeitet und geschnitten werden.

Variante Durch ein kostenpflichtiges Upgrade können Audiodateien von einer Länge bis zu 30 Min. aufgenommen werden. In der Freeversion müssen längere Beiträge in Kapitel untergliedert aufgenommen werden.

Beispiel

Die Beiträge werden mit Titel und kurzer Beschreibung versehen auf der Profilseite veröffentlicht. Registrierte Nutzer können Kommentare hinzufügen.

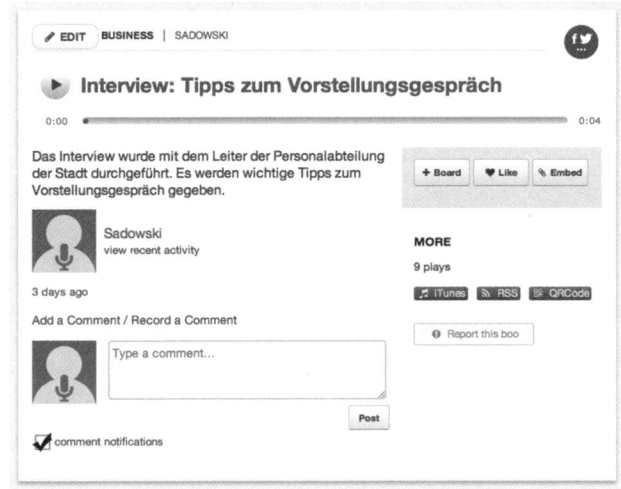

aus: https://audioboo.fm/boos/1683300-interview-tipps-zum-vorstellungsgesprach vom 27.10.2013 (02.04.2014), © AudioBoo/www.audioboo.fm

Das Bedienungsfeld für die Aufnahme ist sehr übersichtlich gehalten. Es muss lediglich „Start Recording" ausgewählt werden. Ein Schneiden der Audiodateien ist später möglich.

→ Interaktive Arbeitsblätter mit QR-Code

Einsatzmöglichkeiten
Die Methode eignet sich für
- die Differenzierung von Arbeitsblättern,
- das eigenständige Lernen,
- die digitale Erweiterung von Arbeitsblättern.

(Zeitbedarf: ca. 5 Min.)

Vorbereitung
Die Erstellung von QR-Codes ist durch verschiedene Kodierungssoftware möglich. Einfach, registrierungsfrei und kostenlos ist z. B. *Create QR-Code* (http://qr-code-generator.de). Zur Decodierung benötigt man eine (kostenlos erhältliche) App (z. B. *Red Laser App*).

Ziel der Methode
Durch QR-Codes können auf Arbeitsblättern zusätzliche kodierte Informationen hinterlegt werden, z. B. eine URL oder einfache Texte.

Beschreibung
Ein QR-Code enthält kodierte Informationen, die mithilfe von Decodierungsapps mit einem Handy entschlüsselt werden können. Kodiert werden kann:
- eine URL: Eine Internetseite wird automatisch im Browser des Handys geöffnet. Im Unterricht kann dies genutzt werden, um ausgewählte Karten, Bilder, Hintergrundinformationen oder Videos aus dem Internet für die Schülerinnen und Schüler bereitzustellen. Nur bei dieser Verwendung von QR-Codes ist eine Internetverbindung erforderlich.
- einfacher Text: Der Text wird direkt auf dem Handy angezeigt. Arbeitsblätter können so um Lösungen, Zusatzaufgaben, Hilfestellungen ergänzt werden.
- eine SMS/E-Mail: Mithilfe des Codes erhalten die Schülerinnen und Schüler oder ihre Erziehungsberechtigten eine vorbereitete SMS/E-Mail, die sie nur noch versenden müssen (z. B. für Rückbestätigungen).

Tipp Die Hinterlegung von Internetadressen und der direkte Aufruf in der Schule sind nur dann sinnvoll, wenn die Schule WLAN hat. Ansonsten können Kosten für die Schülerinnen und Schüler entstehen.

Varianten · Der QR-Code kann einen Download- oder Feedbacklink enthalten.
· Für Outdooraktivitäten (Schnitzeljagd) geeignet.

Beispiel Arbeitsblatt:

Interaktives Arbeitsblatt: soziale Medien

1. Schau dir das folgende Video über soziale Medien und Internetnutzung an.

Hilfestellung: Hier findest du die wichtigsten Vokabelübersetzungen für den Film.

2. Beantworte folgende Fragen zum Film:
   a) Wie viele Facebook-Nutzer gibt es im Monat?
   b) Wie hoch ist die Anzahl von Tweets in der Sekunde?
   c) Gib die Zahl der Sucheinträge bei Google im Monat an.

Lösungen:

3. Kommentiere das folgende Bild zusammen mit deinen Mitschülern im Internet.

Für Schnelle:
Beteilige dich im Internet an der Diskussion „Welche positiven und negativen Eigenschaften haben soziale Medien?" Zugangscode: 3029

4. Gib ein Feedback zu der Unterrichtseinheit ab.

Verschiedenes:
Am Donnerstagnachmittag ist eine freiwillige Förderunterrichtsstunde für die Prüfungen geplant. Bitte gib kurz Rückmeldung über die Teilnahme und die gewünschten Lernschwerpunkte.

E-Mail: SMS:

Erläuterungen zu den QR-Codes:

zu 1.: Der erste QR-Code öffnet automatisch ein *Youtube*-Video über soziale Medien. Im zweiten Code befinden sich Vokabelübersetzungen.

zu 2.: Hier können die Lösungen kontrolliert werden.

zu 3.: Ein im Internet bereitgestelltes Bild öffnet sich und kann von der Klasse kommentiert werden. Siehe Methode „Interaktive Bilderarbeitung", S. 42.

zu „Für Schnelle": Zusatzaufgabe für schnelle Schülerinnen und Schüler. Eine Web 2.0 basierende Diskussion wird geöffnet. Siehe Methode „Brainstorming", S. 28.

zu 4.: Hier ist ein E-Feedback möglich. Siehe Methode „E-Feedback", S. 6.

zu „Verschiedenes": Eine vorgefertigte E-Mail/SMS kann versendet werden.

→ Socialbookmarking

Einsatzmöglichkeiten

Die Methode eignet sich für
- das Sammeln und Verwalten von Lesezeichen,
- die Veröffentlichung von Lesezeichen,
- den Zugriff auf Lesezeichen von verschiedenen Geräten aus,
- die Markierung von Texten im Internet,
- das Hinzufügen von Notizen auf Internetseiten,
- die gemeinsame Erarbeitung eines Informationspools zu einem Thema.

(Zeitbedarf: ca. 5 Min.)

Vorbereitung

Bei dem Programm *diigo* können die Linklisten ohne Anmeldung eingesehen werden. Für eine Bearbeitung und Bewertung ist eine Registrierung notwendig. Für die Arbeit mit dem Tool muss der Button des Programms auf die Lesezeichenleiste verschoben werden.

Ziel der Methode

Ziel der Methode ist das Sammeln, die Verwaltung und die Bearbeitung von Lesezeichen im Internet, welche von überall aus abrufbar sind.

Beschreibung

Mit dem Web 2.0-Tool *diigo* lassen sich Internetseiten einfach online speichern, sammeln, verwalten und bearbeiten. Anstatt die Links wie bisher nur auf dem privaten PC abzuspeichern, bietet *diigo* die Möglichkeit, dies online zu tun, sodass überall und von allen Geräten aus darauf zugegriffen werden kann. Link-Sammlungen können für jeden, aber auch nur für bestimmte Nutzer sichtbar gemacht werden. Eine geschlossene Klassenplattform ist also möglich. Bei der Speicherung können Schlagworte und zusätzliche Kommentare hinzugefügt werden, was eine spätere Verwendung erleichtert. Beim Bilden einer Gruppe können sich die Nutzer in einem eigenen Forum austauschen.

Eine Besonderheit von *diigo* ist die Möglichkeit, Texte auf der Internetseite mit verschiedenen Farben zu markieren und Notizzettel hinzuzufügen. Dies lässt sich im Unterricht gut für kollaboratives Arbeiten nutzen. Die Schülerinnen und Schüler können nicht nur interessante Internetseiten in einer Gruppe sammeln und sich somit einen eigenen Wissenspool erarbeiten, sondern sie können auch interessante Textstellen markieren und Notizen hinzufügen. Sehr hilfreich ist zudem das Hinzufügen von Schlagworten (sogenannten *tags*) zu Internetseiten.

Es besteht meist schon eine Vorauswahl, diese kann jedoch um eigene Begriffe ergänzt werden. Dadurch können größere Sammlungen leicht nach Lerninhalten durchsucht werden.

Natürlich können Internetseiten auch per E-Mail versendet oder in einem Blog gepostet werden.

Neben der Erstellung von eigenen Link-Sammlungen dient das Werkzeug auch der Beschaffung von Informationen: Man kann bei den offenen Gruppen nachschauen, welche Link-Listen diese zu einem bestimmten Thema gesammelt haben.

Tipp Führen Sie die Methode im Unterricht als Gruppenarbeit zu einem bestimmten Thema ein. Die Schülerinnen und Schüler sollten zuerst eine Linksammlung erstellen, bevor die anderen Funktionen angewendet werden.

Variante Andere Programme für Socialbookmarking sind z. B. *Evernote* oder die Plattform *Edutags,* die ein Service des Deutschen Bildungsservers ist und extra für Lehrkräfte entwickelt wurde, um Lesezeichen online zu sammeln und zu verwalten.

Beispiel

Die Sammlung von Internetseiten bei *diigo* ist sehr übersichtlich. Kommentare und markierte Textstellen werden bei den jeweiligen Seiten angezeigt.

diigo	My Library	My Network	My Groups	Community	Go Premium

My Library + Add   M   Search in Title, URL, Annotations & Tags   🔍

Tags (1)   3 items total   Filter:All   ↕Collapse   Date Updated

All Tags
Untagged   3   Planet Schule - Startseite - Schulfernsehen multimedial des SWR und des WDR 1 ≈   08 Dec 13
                Große Auswahl an Unterrichtsfilmen
My Lists + List   www.planet-schule.de
"List" is a great way to organize,
share and display your specific   Guter Film über die Schuldenkrise! Mit Arbeitsblättern 7 minutes ago - Edit - Remove
collection of items.

                ≈ Unterrichtsmaterial: Video zum Thema Börse - Lehrer-Online 2 ≈   08 Dec 13
                Kleiner Film über die Börse
                www.lehrer-online.de

                Für den Unterrichtseinstieg 9 minutes ago - Edit - Remove

                Begriffe wie Börse und Wertpapierhandel tauchen täglich in den Nachrichten auf und spielen, ob wir wollen oder nicht, eine Rolle in unserem
                Leben und unserer Gesellschaft.

aus: https://www.diigo.com/user/sadowski25 (08.12.2013), © www.diigo.com

→ Screenshot und Screencast

Einsatzmöglichkeiten

Die Methode eignet sich für
· die Erstellung von Schulungsvideos,
· Feedback,
· die Online-Besprechung von Aufgaben,
· die Bildanalyse,
· die Erstellung von Hilfe-Videos,
· die Aufzeichnung von Aktivitäten am PC.
(Zeitbedarf: ca. 5 Min.)

Vorbereitung

Herunterladen und Installation des Programmes *Jing*. Ein Account muss erstellt werden. Für die Sprech-Aufnahme ist ein Headset oder ein PC-Mikrofon notwendig.

Ziel der Methode

Ziel ist die Erstellung von kurzen Videos oder von Bildern vom eigenen Computer aus (Ergänzungen um Ton bzw. Grafikelemente sind möglich).

Beschreibung

Das Programm *Jing* ermöglicht die Erstellung von kleinen Videos und Bildern vom eigenen Computer aus. Die Screenshots (Bilder) können vorher ausgewählt und dann mit einem Editor weiterbearbeitet werden. Es besteht die Möglichkeit, Pfeile, Rahmen, farbige Texthinterlegungen und Notizen hinzuzufügen. Bei der Funktion „Screencasts" (Videos) werden alle Aktivitäten in einem vorher ausgewählten Bildschirmbereich aufgenommen. Die Videos können bis zu fünf Minuten lang sein, eine Tonaufnahme ist möglich.

Die fertigen Produkte können gespeichert oder in den sozialen Medien gepostet werden. Es gibt auch die Möglichkeit, sich auf *screencast.com* zu registrieren, dann können die Bilder und Videos dort gespeichert werden. Eine Einbettung in eigene Blogs oder Lernplattformen ist dadurch ebenfalls möglich.

Das Programm eignet sich beispielsweise dazu, bestimmte Arbeitsschritte am PC zu erklären. Die Anfertigung eines Lernvideos spart hier Zeit und die Erklärung ist in der Regel einfacher zu erfassen als eine Beschreibung in Schriftform. Auch können auf diese Weise digitale Portfolios, Referate oder Aufsätze durch die Lehrkraft am PC verbessert werden. Die korrigierte Arbeit bekommt der jeweilige Schüler dann zusammen mit einem Feedback-Video zurück.

Eine Sammlung von Hilfe-Videos kann für die Schülerinnen und Schüler auf der Schulhomepage oder einer Lernplattform hinterlegt werden.

Variante Auch die Schülerinnen und Schüler können Videos erstellen, wodurch einzelne ihrer Arbeitsschritte sichtbar gemacht und überprüft werden können. Ein Feedback können Mitschüler oder die Lehrkraft geben.

Beispiel

Bei einem Screenshot können noch Pfeile, Rahmen, Texthinterlegungen und eigene Texte hinzugefügt werden.

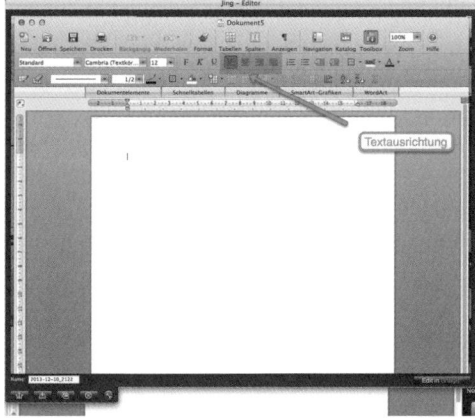

Bei einem Screencast wird nur ein vorher ausgewählter Bereich aufgenommen. Die maximale Dauer beträgt fünf Minuten.

→ Digitale Schaubilder

Einsatzmöglichkeiten

Die Methode eignet sich für
- die Erstellung von Diagrammen, Modellen, Sitmaps und Raumplanung,
- kollaboratives Arbeiten in Echtzeit,
- die Online-Visualisierung von komplexen Lerninhalten.

(Zeitbedarf: ca. 20 Min.)

Vorbereitung

Das webbasierende Programm *cacoo* gibt es in unterschiedlichen Versionen. Die kostenlose Freewareversion enthält alle wesentlichen Bestandteile, die für den Unterricht benötigt werden. Eine Registrierung ist notwendig.

Ziel der Methode

Ziel der Methode ist die Visualisierung von komplexen Lerninhalten in nachvollziehbaren Schaubildern, die in kollaborativer Arbeit gestaltet werden können.

Beschreibung

Das Programm *cacoo* ermöglicht die einfache und gemeinschaftliche Gestaltung von Schaubildern im Internet. Bei der Erarbeitung kann auf Vorlagen zurückgegriffen werden. Eine große Auswahl an Symbolen, Autoformen und Grafikelementen erleichtert die Gestaltung auch komplexer Diagramme. Mehrere Schülerinnen und Schüler können zeitgleich an einem Projekt online arbeiten und dieses später im Internet veröffentlichen. Zur internen Kommunikation dient ein Onlinechat, der in das Programm eingebunden ist.

Eine Speicherung des Schaubildes ist im eigenen Account möglich, auch die Exportierung als png-Datei und die Versendung per E-Mail steht dem Nutzer des Programms offen.

Tipp Wenn die Schaubilder in eigene Internetseiten eingebunden werden, werden Änderungen dort automatisch vollzogen.

Variante Es können auch vorgegebene Schaubilder vervollständigt oder beschriftet werden.

Beispiel

Es gibt im Programm *cacoo* eine große Auswahl von Vorlagen für Diagramme, die verwendet werden können.

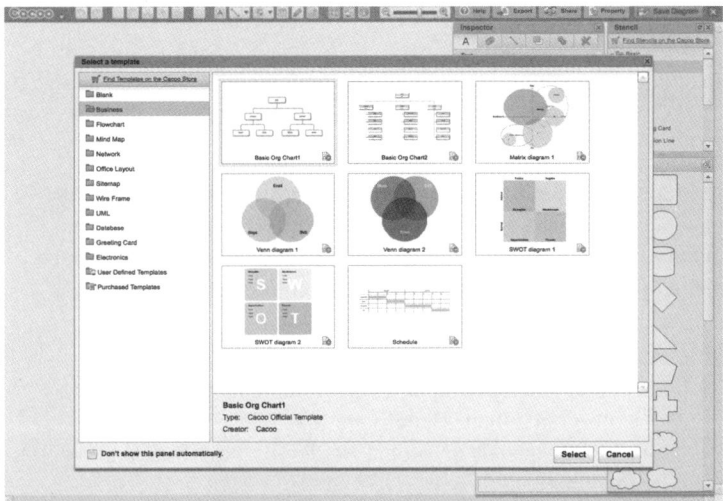

In Echtzeit können Diagramme von mehreren Schülern erarbeitet werden, der Kommunikation zwischen den Nutzern dient ein textbasierter Chat.

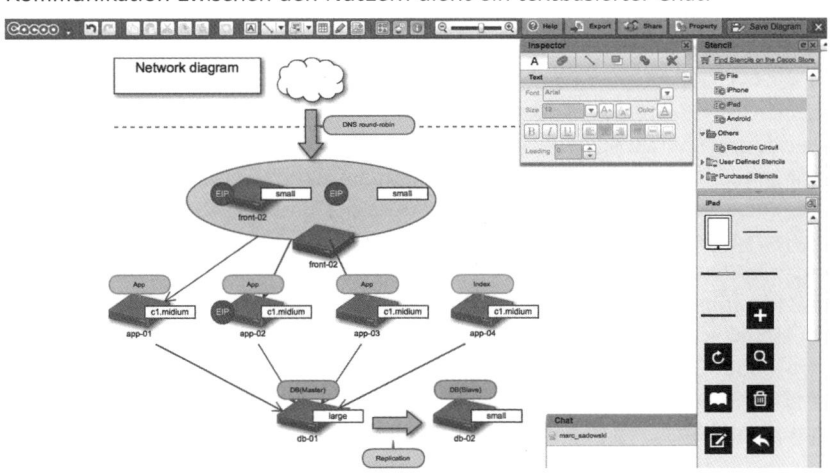

Abbildungen aus: https://cacoo.com/diagrams/GgBgc67VprjyOGdk/edit (02.04.2014)

→ Interaktive Bilderarbeitung

Einsatzmöglichkeiten

Die Methode eignet sich für
- die Erarbeitung von Bildinhalten,
- die Förderung des Bildverständnisses.

(Zeitbedarf: ca. 20 Min.)

Vorbereitung

Kostenlose Registrierung auf *thinglink.com*. Es empfiehlt sich hier ein Klassen- oder Fachaccount. Das gewünschte Foto muss hochgeladen werden, dann können Markierungen (tags) eingefügt und bearbeitet werden. Nach der Abspeicherung des Bildes kann es im Unterricht genutzt werden.

Ziel der Methode

Ziel der Methode ist die Erweiterung eines Bildes zu einem multimedialen und interaktiven Unterrichtsinhalt. Damit kann das Bildverständnis der Schülerinnen und Schüler gezielt gefördert werden und der Bildinhalt kann multimedial erlebt werden.

Beschreibung

Die Web 2.0-Anwendung *thinglink* ermöglicht es dem User, auf einem Bild verschiedenste Markierungen zu setzen (sogenannte tags). Durch diese tags können unterschiedliche Ressourcen in das Bild eingebettet werden, z.B. Fotos, Videos, URLs, Karten, Audiodateien und Texte. Ein Bild wird durch *thinglink* multimedial und interaktiv. Auch das einfache Kommentieren von Bildern ist möglich. Wenn mit konkreten Personen oder Motiven auf dem Bild Geräusche oder kleinen Videofilme verknüpft werden, erleichtert dies die Auseinandersetzung mit dem jeweiligen Thema. Auch können Hintergrundinformationen oder Hilfestellungen leicht eingefügt werden.

Ein Bild kann von der Lehrkraft vorbereitet und dann im Unterricht von den Schülerinnen und Schülern „erlebt" werden. Eine andere Möglichkeit ist die Einzel- oder Gruppenarbeit im Unterricht an einem Bild, auf das später die ganze Lerngruppe Zugriff hat. Bei jedem Bild kann eingestellt werden, ob Nutzer bearbeiten oder kommentieren dürfen.

Tipps
- Achten Sie auf die Urheberrechte der jeweiligen Bilder.
- Nicht zu viele tags hinzufügen, sonst wird das Bild unübersichtlich; eine vorgegebene Maximalanzahl hilft hier.

Variante Lerninhalte von Karten, Schaubildern oder Karikaturen können mit
dieser Methode sehr gut erarbeitet werden.

Beispiel

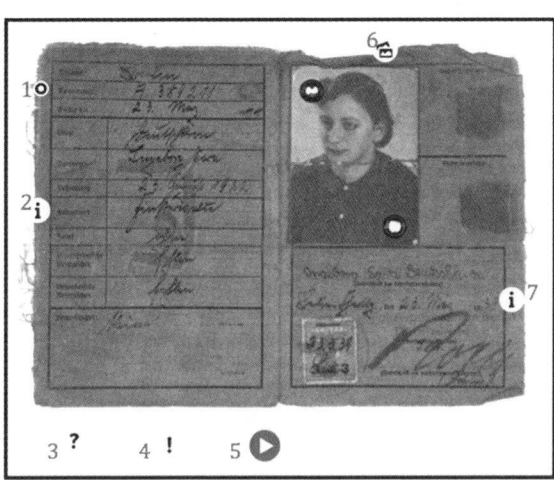

Erklärungen:

1: Die Markierungen können durch verschiedene Symbole gekennzeichnet
werden. Das Standardzeichen findet sich auf den meisten Bildern wieder.
Wenn die Maus über eine Markierung fährt, erscheint der Inhalt. Die tags
können auch ausgeblendet werden.

2: Durch das Anklicken dieser Markierung wird der Geburtsort auf einer Karte
dargestellt. Die Verknüpfung mit anderen Internetseiten ist möglich.

3: Hier ist eine Fragestellung hinterlegt.

4: Die Bedeutung von einigen Icons sollte in der Klasse geklärt werden. Das
Ausrufezeichen könnte für die Arbeitsanweisung stehen.

5: Beim Anklicken dieses tags wird eine Videodatei abgespielt.

6: Eine Verlinkung mit anderen Bildern auf *thinglink*.

7: Markierungen können unterschiedliche Ressourcen beinhalten: Bilder,
Texte, Videos, Audiodateien, URLs …

Bild aus: Bernd Schurf, Andrea Wagner (Hrsg.): Deutschbuch. Sprach- und Lesebuch. Neue
Grundausgabe 9, Berlin: Cornelsen Verlag, S. 133.

→ Interaktive Kartenbearbeitung

Einsatzmöglichkeiten
Die Methode eignet sich für
- die digitale Bearbeitung von Karten,
- die Einbindung von verschiedenen Daten (Zahlen, Texte, Icons, Videos, URLs) auf Karten.

Vorbereitung
Das Webprogramm *mapfab.com* lässt sich ohne Registrierung verwenden. Karten können im Internet kostenlos bearbeitet und gespeichert werden. Für einen späteren Zugriff muss ein Internetpfad eingegeben werden, der bei der Speicherung angezeigt wird.

Ziel der Methode
Ziel der Methode ist das Erstellen von thematischen Karten als Informationsspeicher und das Ausbilden eines vertieften Kartenverständnisses.

Beschreibung
Mit digitaler Kartenbearbeitung lassen sich Karten im Internet selbst gestalten und bearbeiten. Ideal hierfür ist *mapfab,* da es keine Registrierung benötigt und einfach zu verwenden ist. *Mapfab* arbeitet mit *Google Maps* oder *OpenStreetMap.* Um eigene Karten zu bearbeiten, muss die Internetseite *mapfab* aufgerufen und der Kartenausschnitt ausgewählt werden. Ein Suchfeld hilft bei der Auswahl. Dann stehen im Bearbeitungsmenü verschiedene Kartenwerkzeuge zur Verfügung. Eine Vielzahl von Markersymbolen, unterschiedliche Schriftfarben und Hintergründe können ausgewählt werden. Auch Linien, Polygone, Kreise, Beschriftungen und Verlinkungen lassen sich in die Karte einarbeiten.
Bei der Kartenspeicherung kann ein Passwort für die weitere Nutzung eingeben werden. Die Karte wird auf dem Server gespeichert und kann mit dem entsprechenden Internetpfad angesehen, editiert, gelöscht oder heruntergeladen werden.

Tipp Bei der Verwendung von Screenshots der Karte sollte der Kartentyp „OpenStreetMap" ausgewählt werden, da ansonsten leicht Copyrightverletzungen entstehen.

Variante Weitere Programme zur digitalen Kartenbearbeitung sind z. B.: *animaps, tripline, quikmaps* oder *historypin* (z.T. registrierungspflichtig).

Beispiel

Mapfab im Bearbeitungsmodus: Nach der ersten Bearbeitung und Speicherung der Karte ist ein weiteres Editieren nur möglich, wenn der Editierungslink eingegeben wird.

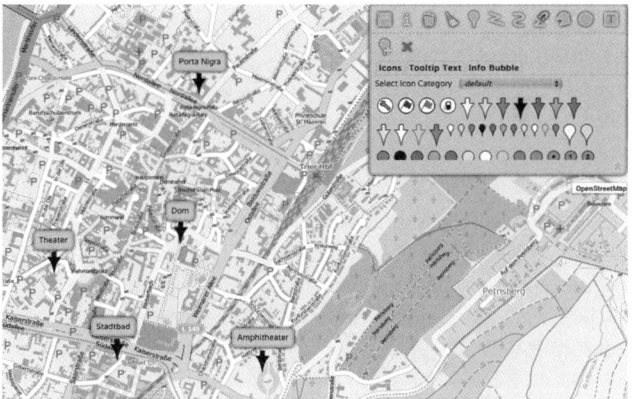

aus: http://www.mapfab.com/map/IXE/Trier (14.05.2014), © MapFab.com/S. Leicher, Spalt
Karte: © OpenStreetMap.org contributors, http://www.openstreetmap.org/copyright

Mapfab im Betrachtungsmodus: Die Karte kann nur angeschaut werden.

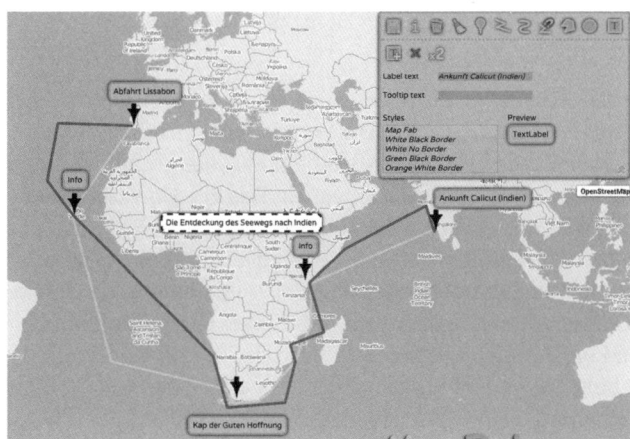

aus: http://www.mapfab.com/map/IXE/Indien-Seeweg (14.05.2014), © MapFab.com/
S. Leicher, Spalt
Karte: © OpenStreetMap.org contributors, http://www.openstreetmap.org/copyright

→ Punktabfrage

Einsatzmöglichkeiten

Die Methode ermöglicht am Anfang und Ende einer Unterrichtsreihe
· die Meinungsbildung,
· anonyme Stimmabgaben,
· die optische Darstellung von Dissonanzen,
· Diskussionsanlässe.
(Zeitbedarf: ca. 5 Min.)

Vorbereitung

Formulieren Sie eine These oder Frage und geben Sie diese als Überschrift
(Schriftfarbe schwarz) auf einer neuen Seite des interaktiven Whiteboards
ein. Die Hintergrundfarbe sollte weiß sein. Zeichnen Sie darunter eine
schwarze Gerade als Skala ein. An beide Enden der Skala schreiben Sie
gegensätzliche Meinungen.

Ziel der Methode

Ziel der Methode ist es, Schülerinnen und Schüler zur Meinungsbildung zu
motivieren, verschiedene Meinungen herauszustellen und Gesprächsauslö-
ser zu schaffen.

Beschreibung

Bei der Punktabfrage soll jeder Schüler mit einem von ihm eingezeichneten Punkt
Stellung zu einer These bzw. Frage nehmen. Die Punkte haben die Schriftfarbe
weiß und eine mittleren Schriftdicke. Da Schriftfarbe und Hintergrundfarbe iden-
tisch sind, gibt jeder Schüler seine Stimme anonym ab. Das Ergebnis der Punktabfrage kann angezeigt werden, indem die Hintergrundfarbe geändert wird.
Dieses Meinungsbild kann die Lehrkraft als Einstieg in ein Unterrichtsgespräch
nutzen, das auf weitere Lerninhalte überleitet. Mit der Wiederholung der Punktabfrage am Ende der Unterrichtsreihe bzw. -stunde können Veränderungen bei
den Schülermeinungen optisch sichtbar gemacht werden.
Das interaktive Whiteboard dient hier vor allem der anonymen Meinungsabgabe
und der leichten Speicherung des Meinungsbildes.

Tipps · Formulieren Sie Thesen, die ein großes Meinungsspektrum zulassen.
· Punktabgaben dürfen nicht kommentiert werden.
· Die Interpretation des Ergebnisses sollte durch die Schülerinnen und Schüler erfolgen.

Variante Die Methode kann nicht nur Meinungen verdeutlichen, sondern auch zur Entscheidungsfindung beitragen oder Selbsteinschätzungen zusammenfassen. Das Raster der Skala muss hierfür variiert und angepasst werden.

Beispiel

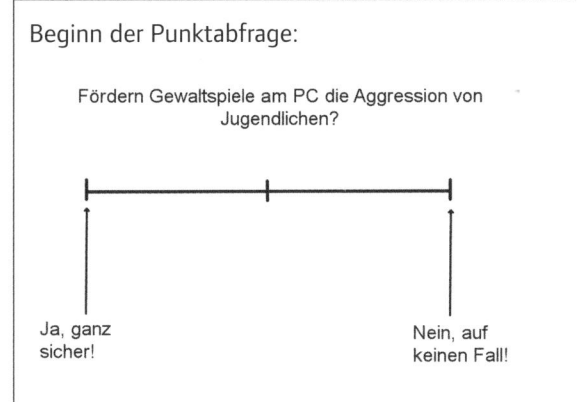

Beginn der Punktabfrage:

Fördern Gewaltspiele am PC die Aggression von Jugendlichen?

Ja, ganz sicher!

Nein, auf keinen Fall!

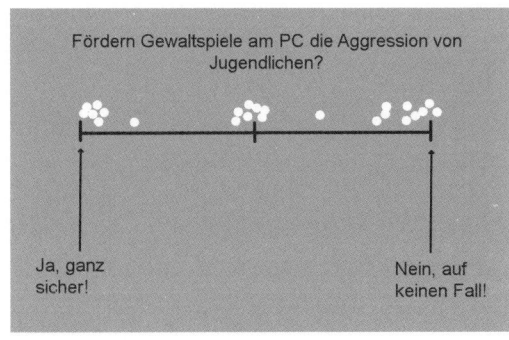

Ergebnis der Punktabfrage:

Fördern Gewaltspiele am PC die Aggression von Jugendlichen?

Ja, ganz sicher!

Nein, auf keinen Fall!

→ Zielscheibe

Einsatzmöglichkeiten

Die Methode eignet sich für
- ein Feedback,
- die Selbst- und Fremdbewertung.

(Zeitbedarf: ca. 10 Min.)

Vorbereitung

Zielscheibe mit passenden Sektoren anfertigen.

Ziel der Methode

Ziel der Methode ist eine schnelle Rückmeldung zum Unterrichtsgeschehen oder eine thematische Abfrage in der Klasse.

Beschreibung

Auf dem interaktiven Whiteboard wird ein Kreis mit mehreren Sektoren gezeigt. Jeder Sektor steht für einen speziellen Bereich, zu dem Rückmeldung gewünscht wird. Dies können Merkmale des Unterrichts sein, aber auch Kriterien zur Bewertung eines Vortrags oder zur Rückmeldung bezüglich einer Gruppenarbeit. Jede Person markiert in jedem Sektor ihre Position. Hier muss darauf geachtet werden, dass die Stiftfarbe mit der Hintergrundfarbe des Sektors übereinstimmt. Damit wird eine anonyme Stimmabgabe gewährleistet. Je positiver das Merkmal eingeschätzt wird, desto näher am Zentrum des Kreises sollte die Position markiert werden. Eine Markierung am Rand der Zielscheibe zeigt eine große Unzufriedenheit. Am Ende der Stimmabgabe wird die Hintergrundfarbe verändert. Dadurch wird die Verteilung der einzelnen Stimmen angezeigt. Die Ergebnisse sollten unmittelbar im Unterricht besprochen werden, v. a. starke Differenzen in der Einschätzung müssen thematisiert werden.

Tipp Die Zielscheibe sollte maximal acht Sektoren umfassen, bei größeren Schülerzahlen nur sechs.

Variante Es muss nicht immer eine Zielscheibe für die ganze Klasse gelten, sondern es können auch mehrere Zielscheiben für unterschiedliche Gruppen eingesetzt werden. Bei bestimmten Themen kann es auch interessant sein zu eruieren, wie beispielsweise Mädchen und Jungen oder bestimmte Gruppen auf einer Zielscheibe abstimmen. Hierfür kann jeder Gruppe ein Zeichen zugeordnet werden (Beispiel: Jungen = Kreuz; Mädchen = Kreis).

Beispiel

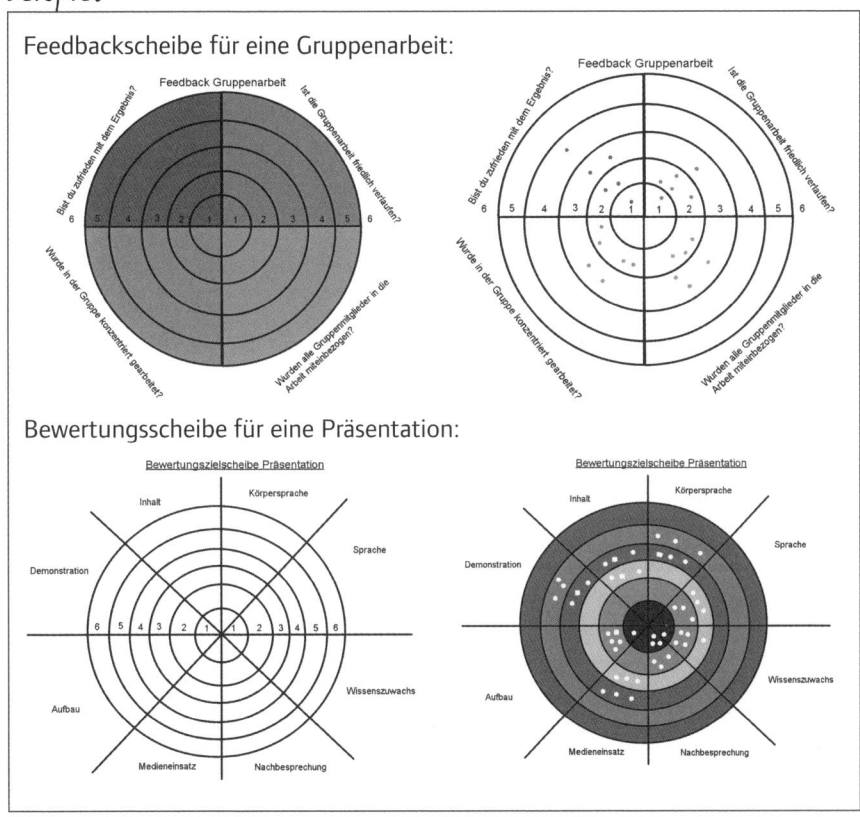

Feedbackscheibe für eine Gruppenarbeit:

Bewertungsscheibe für eine Präsentation:

→ Lückentext

Einsatzmöglichkeiten

Die Methode eignet sich für
- die Wiederholung von Lerninhalten,
- das Erlernen/Festigen von Fachbegriffen und Schlüsselwörtern,
- die Förderung des Leseverständnisses.

(Zeitbedarf: ca. 5 Min.)

Vorbereitung

Der gewünschte Text wird mit schwarzer Schriftfarbe in ein Flipchart mit weißer Hintergrundfarbe geschrieben. Danach verändert man bei den gewünschten Lückenwörtern die Schriftfarbe in Weiß.

Ziel der Methode

Ziel der Methode ist das selbstständige Ausfüllen der Lücken eines Fachtextes, der den Schülerinnen und Schülern bekannt ist.

Beschreibung

Mit dem Einsatz eines Lückentextes kann erworbenes Wissen wiederholt und Fachbegriffe können gefestigt werden. Die Methode Lückentext gewinnt mit dem interaktiven Whiteboard an Nachhaltigkeit und weckt Schülerinteresse. Wenn die Schülerinnen und Schüler selbst am Whiteboard Wörter in die richtigen Lücken schreiben, entsteht eine hohe Aufmerksamkeit, die mit einem herkömmlichen Arbeitsblatt nicht erreicht werden kann.

Der Lückentext kann entweder gemeinsam am interaktiven Whiteboard bearbeitet oder zur Lösungsbesprechung eines Arbeitsblatts eingesetzt werden.

Wenn die Lösung des Lückentextes aufgedeckt werden soll, muss die Hintergrundfarbe verändert werden. Die Farben Hellblau oder Orange sind hierfür empfehlenswert. Nun kann man die weißen Lückenwörter lesen.

Tipps
- Formulieren Sie eigene Texte.
- Die Schülerinnen und Schüler können selbst Lückentexte entwickeln.

Variante Es können auch Grafiken und Diagramme vervollständigt oder beschriftet werden.

Beispiel

Lückentext:

Das Ohr

Das Ohr   ist ein Sinnesorgan, mit dem   , also Ton oder Geräusch,
als   aufgenommen wird. Zum Ohr als Organ gehört
auch das Gleichgewichtsorgan.Der Begriff Hörorgan bezeichnet in der
Physiologie des Menschen die Gesamtheit der Ohren, der   (Nervi
cochleares) und der   . Die Funktion des Hörorgans führt zum
Hören.

Lösung:

Das Ohr

Das Ohr (lat. auris) ist ein Sinnesorgan, mit dem Schall, also Ton oder Geräusch,
als akustische Wahrnehmung aufgenommen wird. Zum Ohr als Organ gehört
auch das Gleichgewichtsorgan.Der Begriff Hörorgan bezeichnet in der
Physiologie des Menschen die Gesamtheit der Ohren, der Hörnerven (Nervi
cochleares) und der auditiven Hirnrinde. Die Funktion des Hörorgans führt zum
Hören.

→ Zuordnungen

Einsatzmöglichkeiten

Diese Methode eignet sich
· zur Reaktivierung von Vorwissen,
· zur Überprüfung von Lerninhalten,
· zur Verknüpfung von Informationen.
(Zeitbedarf: ca. 5 Min.)

Vorbereitung

Fügen Sie am Whiteboard auf einem neuen Flipchart die Objekte ein, die zugeordnet werden sollen. Es kann sich um Bilder, einzelne Wörter oder Grafiken handeln. Verteilen Sie diese auf dem Flipchart, damit eine Zuordnung möglich ist.

Ziel der Methode

Ziel der Methode ist es, dass die Schülerinnen und Schüler ihr Vorwissen reaktivieren und neue Zusammenhänge erstellen können.

Beschreibung

Diese Methode kann als Basismethode für das interaktive Whiteboard bezeichnet werden. Sie ist in allen Unterrichtsfächern und Phasen einsetzbar, einfach und schnell erstellt, leicht verständlich und die Schülerinnen und Schüler arbeiten aktiv am Board. Aus diesem Grund ist die Methode für den Einstieg in die Arbeit mit dem interaktiven Whiteboard empfehlenswert.

Es müssen Objekte auf dem Flipchart verschoben und richtig zugeordnet werden. Ob nun Vokabeln den entsprechenden Gegenständen, die Struktur eines Briefaufbaus der richtigen Position im Briefformular, Satzanfänge den zugehörigen Satzenden, Fachbegriffe den richtigen Stellen in einer Abbildung usw. zugeordnet werden – für diese Methode ist fast immer Platz im Unterricht.

Tipps
· Denken Sie daran, dass diese Methode die Aktivität der Schülerinnen und Schüler fördern soll. Nicht die Lehrkraft verschiebt die Objekte, sondern ein Schüler!
· Verwenden Sie nicht immer die gleiche Art von Zuordnungen, sondern variieren Sie innerhalb der Methode.

Beispiel

Vorbereitetes Flipchart für die Zuordnung von Vokabeln:

a bed   a desk   a wardrobe   shoes

a rug   posters

a chair

a lamp   a window

Bearbeitete Flipchart-Seite

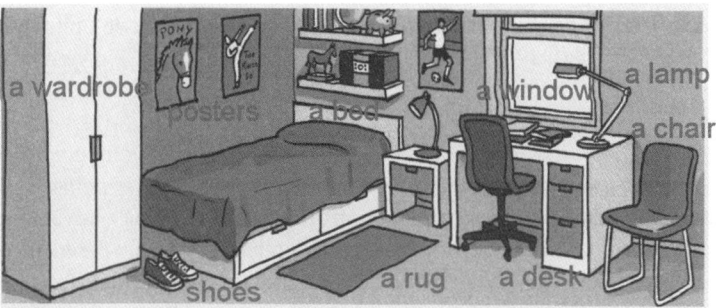

Bild aus: Wolfgang Biederstädt/Frank Donoghue: English G – Lighthouse – Band 1. Berlin: Cornelsen Verlag 2011, S. 39.

→ Fehlersuche

Einsatzmöglichkeiten
Die Methode eignet sich für
· die Überprüfung fachlicher und sprachlicher Lerninhalte,
· das Lernen von Schlüsselbegriffen.
(Zeitbedarf: ca. 5 Min.)

Vorbereitung
In einen bestehenden Text werden Fehler eingebaut.

Ziel der Methode
Mit dieser Methode können die Schülerinnen und Schüler ihr Wissen bezüglich fachlicher und sprachlicher Lerninhalte überprüfen und sichern.

Beschreibung
Die Schülerinnen und Schüler sollen in einem Text Fehler finden und diese korrigieren. Die Methode kann beispielsweise zur Wissenssicherung eingesetzt werden, indem die Schülerinnen und Schüler wichtige Schlüsselbegriffe eines Themas in einem Text überprüfen. Es kann auf diese Weise aber auch die Kenntnis von Rechtschreib- oder Grammatikregeln getestet werden.

Da vorhandene Texte verwendet werden können, ist die Methode unkompliziert und ohne großen zeitlichen Vorbereitungsaufwand einsetzbar. Ein weiterer Vorteil ist die Selbstkontrolle, die am interaktiven Whiteboard möglich ist.

Auf einem Flipchart wird ein Text mit Fehlern präsentiert, die von den Schülerinnen und Schülern gefunden und korrigiert werden sollen. Wenn ein Fehler gefunden wurde, wird dieser in den Papierkorb verschoben oder gelöscht. In die vorhandene Lücke wird der korrekte Begriff geschrieben. Damit eine Selbstkontrolle möglich ist, wird der Text vorab so bearbeitet, dass nur die Fehlerstellen verändert werden können. Wenn Schülerinnen und Schüler richtige Textpassagen korrigieren wollen, lassen sich diese nicht aus dem Text bewegen. Um dies zu erreichen, muss der Text gesperrt werden. Die Sperrung kann je nach Programm im Seitenbrowser erfolgen oder über die rechte Maustaste.

Wählen Sie im Text Schlüsselbegriffe aus und verändern Sie deren Schriftfarbe in Weiß, dadurch entstehen im Text Lücken. Diese Lücken werden mit Fehlern ausgefüllt. Dabei ist wichtig, dass Sie die Fehlerbegriffe nicht unmittelbar in den Text schreiben, sondern außerhalb notieren und anschließend in die Lücken verschieben. Dadurch sind die Fehlerbegriffe eigene Objekte, die über dem Text liegen und nicht gesperrt sind.

Tipp Wenn vor der Bearbeitung angegeben wird, wie viele Fehler sich im Text befinden, erhöht dies oft die Motivation der Schülerinnen und Schüler.

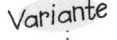 **Variante** Zur Vereinfachung der Methode lassen sich die Lösungswörter oder auch eine Auswahl von Möglichkeiten unter den Text schreiben.

Beispiel

Die Schülerinnen und Schüler sollen die Fehler im Text finden. Nur falsche Begriffe lassen sich in den Papierkorb verschieben.

Abraham Lincoln – 1. Präsident der USA

Abraham Lincoln wurde am 12. Februar 1924 bei Hodgenville im Bundesstaat Kentucky geboren. Aus ärmlichen Verhältnissen stammend wurde er dreimal zum Präsidenten der USA gewählt. Wegen ihm wurde die Verfassung um den 13. Zusatz erweitert, der die Sklaverei einführte. Seine Wahl am 6. November 1860 führte zum sogenannten Befreiungskrieg zwischen den Nord- und Südstaaten. Er starb am 15. April 1865 an den Folgen eines Sturzes in Washington D.C.

aus: http://www.wasistwas.de/geschichte/beruehmte-personen/artikel/link//8547af861f/article/abraham-lincoln-16-praesident-der-usa.html (14.01.2013)

Abraham Lincoln – 16. Präsident der USA

Abraham Lincoln wurde am 12. Februar 1809 bei Hodgenville im Bundesstaat Kentucky geboren. Aus ärmlichen Verhältnissen stammend wurde er zweimal zum Präsidenten der USA gewählt. Wegen ihm wurde die Verfassung um den 13. Zusatz erweitert, der die Sklaverei abschaffte. Seine Wahl am 6. November 1860 führte zum sogenannten Sezessionskrieg zwischen den Nord- und Südstaaten. Er starb am 15. April 1865 an den Folgen eines Attentats in Washington D.C.

aus: http://www.wasistwas.de/geschichte/beruehmte-personen/artikel/link//8547af861f/article/abraham-lincoln-16-praesident-der-usa.html (14.01.2013)

→ Rollenspiel

Einsatzmöglichkeiten

Die Methode eignet sich
- zum Perspektivwechsel,
- zur spielerischen Darstellung eines Themas,
- zur Einübung von Verhaltensweisen,
- zur Erweiterung der kommunikativen Kompetenz.

(Zeitbedarf: ca. 2 Min.)

Vorbereitung

Wählen Sie ein zum Thema des Rollenspiels passendes Bild aus und fügen Sie dieses am Whiteboard in ein neues Flipchart ein. Ziehen Sie das Bild auf die volle Flipchartgröße, damit alle Details gut sichtbar sind.

Ziel der Methode

Ziel der Methode ist die Förderung des Perspektivwechsels und das Eintauchen in das darstellende Spiel. Das Rollenspiel befähigt die Schülerinnen und Schüler dazu, fremde Verhaltensweisen bewusst zu erleben und zu analysieren.

Beschreibung

Beim Einsatz des Rollenspiels im Unterricht dient das Whiteboard als Kulisse. Diese fördert den Perspektivwechsel und das Eintauchen in die Situation. Auf dort dargestellte Objekte, Bauwerke oder Personen kann während des Spiels eingegangen werden. Die Kreativität der Schülerinnen und Schüler entfaltet sich dadurch leichter, der Handlungsspielraum wird größer. Zudem lässt die Großflächigkeit des Bildes die Zuschauer ebenfalls leichter in das Geschehen eintauchen. Auch ein Wechsel der Umgebung lässt sich mit dem interaktiven Whiteboard leicht suggerieren. Seien Sie hinsichtlich der Hintergrundbilder kreativ!

Das Rollenspiel ist eine gute Möglichkeiten, um multimedial und interaktiv zu arbeiten. Zum Sehen kann das Hören hinzukommen. Ergänzen Sie die Flipcharts mit Geräuschen, die typisch für das Umfeld des Rollenspiels sind – z. B. Marktlärm, Pferdewiehern und Minnegesang für ein mittelalterliches Rollenspiel – und spielen Sie diese durch Berührung der Symbole ein. Einige Audiodateien finden Sie im Ressourcenbrowser Ihres Whiteboard-Programms.

Außerdem können kleine Filmszenen, die auf dem Flipchart verlinkt sind, das Rollenspiel unterbrechen und eine neue Situation einleiten. Das Aufdecken von Aktionskarten auf dem Flipchart kann dem Rollenspiel weitere neue Impulse geben.

Tipp Das interaktive Whiteboard ist nur die Kulisse für die Methode und erleichtert die Umsetzung eines Rollenspiels, es kann nicht die Vorbereitungsphase ersetzen.

Variante Landschaften und Bauwerke sind nicht die einzige Möglichkeit für eine passende Kulisse, auch Gedichte oder entsprechende Personenbilder helfen, die Perspektive zu wechseln.

Beispiel

Hintergrundbild für ein Rollenspiel im Mittelalter sowie Ausbaumöglichkeiten des Rollenspiels mit Geräuschen und Aktionskarten:

Pferd   Marktlärm   Minnegesang

Aktionskarte

Quelle zum Foto: http://upload.wikimedia.org/wikipedia/commons/thumb/e/e6/
Nö_kreuzenstein_2006_01.JPG/1280px-Nö_kreuzenstein_2006_01.JPG

→ **Bildersprache/Emoji**

Einsatzmöglichkeiten

Die Methode eignet sich für
- die Visualisierung von Texten,
- die grafische Hervorhebung von Schlüsselwörtern,
- die Wiederholung von Textinhalten,
- kreative Schreibanlässe.

(Zeitbedarf: ca. 15 Min.)

Vorbereitung

Die Tafelbilder können im Unterricht spontan entstehen oder von der Lehrkraft teilweise vorbereitet werden. Passende Bilder zu einem Text können bereitgestellt werden.

Ziel der Methode

Ziel der Methode ist die Visualisierung von Textinhalten.

Beschreibung

Wenn einfache Wissenstexte unter Einsatz von Bildern geschrieben werden, können sich die Schülerinnen und Schüler deren Inhalt besser und langfristiger merken, egal ob es sich dabei um Vokabeln oder Fachwissen handelt. Zudem ist das Schreiben und Verstehen von Texten mit Bildern für viele Jugendliche Gewohnheit: In SMS Nachrichten verwenden sie unzählige sogenannter *Emoji*. Bei der spontanen Gestaltung der Tafelbilder überlegen alle gemeinsam, wie ein Lerninhalt mithilfe von Bildern an der Tafel dargestellt werden kann. Wichtig ist eine Internetverbindung, nur dann können Sie alle Bildvorschläge aufgreifen und umsetzen. Eine gute Seite mit freien Cliparts ist *www.clker.com*. Es sollte Satz für Satz vorgegangen werden. Die Texte können handschriftlich oder per Tastatur eingetragen werden, die Bilder werden dann passend eingefügt.

Die Methode kann auch vorbereitet werden – sie muss es sogar, wenn im Klassenraum kein Internet verfügbar ist. Für die Erarbeitung des Bilder-Textes können vorab passende Bilder ausgewählt und in ein Flipchart eingefügt werden. Der Arbeitsauftrag besteht dann darin, dass die Schülerinnen und Schüler unter Zuhilfenahme dieser Bilder die wichtigsten Informationen des Textes zusammenfassen. Es kann direkt am interaktiven Whiteboard gearbeitet werden oder jeder Lernende bekommt ein Blatt mit den Bildern und soll in Einzelarbeit den Auftrag erfüllen und sein Ergebnis ins Heft schreiben. Das interaktive Whiteboard dient schließlich der Präsentation der Ergebnisse.

Tipps
- Geben Sie den Schülerinnen und Schülern auch die Möglichkeit, selbst Bilder zu malen, sodass die individuelle Interpretation von Bildinhalten zum Tragen kommt.
- Komplizierte Sachverhalte können nicht durch dieses vereinfachende Verfahren dargestellt werden.

Variante Wenn Sie vorab Bilder auswählen, können Sie auch solche zur Verfügung stellen, die nichts mit dem Thema zu tun haben und aussortiert werden müssen.

Beispiel

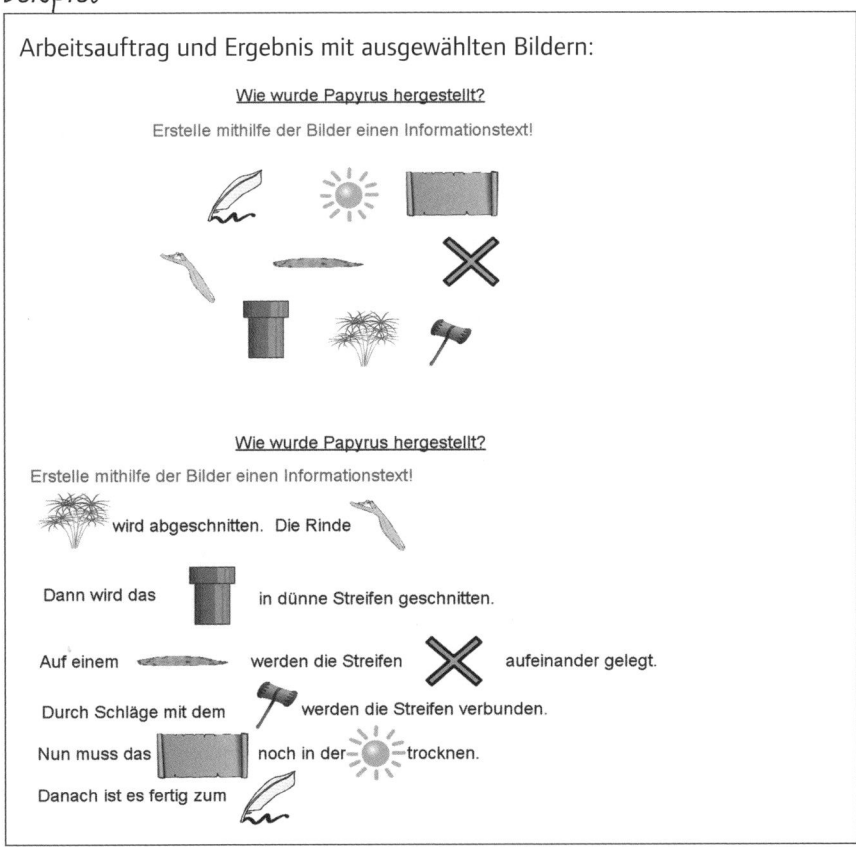

Arbeitsauftrag und Ergebnis mit ausgewählten Bildern:

Wie wurde Papyrus hergestellt?

Erstelle mithilfe der Bilder einen Informationstext!

Wie wurde Papyrus hergestellt?

Erstelle mithilfe der Bilder einen Informationstext!

wird abgeschnitten. Die Rinde

Dann wird das in dünne Streifen geschnitten.

Auf einem werden die Streifen aufeinander gelegt.

Durch Schläge mit dem werden die Streifen verbunden.

Nun muss das noch in der trocknen.

Danach ist es fertig zum

→ Memospiel

Einsatzmöglichkeiten
Die Methode eignet sich für
· Vokabeltraining,
· das Lernen von abstrakten und fremdsprachlichen Begriffen,
· die Wiederholung von Lerninhalten,
· das Anfertigen von Textpuzzle.
(Zeitbedarf: ca. 20 Min.)

Vorbereitung
Die Methode muss mit einem Whiteboard-Programm vorbereitet werden.

Ziel der Methode
Ziel der Methode ist die Verbesserung des Lernens von abstrakten und fremdsprachlichen Begriffen durch Zuordnungen oder visuelle Verbindungen.

Beschreibung
Die leichte Erstellung, die schnelle Durchführung und der große Motivationsfaktor machen das Memospiel zu einer sinnvollen Methode im Unterricht. Sie kann in jeder Unterrichtsphase eingesetzt werden, der Schwierigkeitsgrad lässt sich leicht durch die Anzahl der Karten steuern. Durch die Veränderung der Karteninhalte können außerdem verschiedene Lerntypen angesprochen werden. Auch der inhaltliche Kontext ist austauschbar, sodass diese Methode in allen Fächern Anwendung finden kann.

Für den Einsatz im Unterricht wählen Sie zwei bis vier Schülerinnen und Schüler aus, die am interaktiven Whiteboard das Memospiel spielen. Übernehmen Sie die herkömmlichen Spielregeln. Die gewonnenen Karten werden am Rand gestapelt. Die Vorbereitung wird hier anhand eines Vokabelmemospiels (Deutsch – Englisch) erklärt. Bei anderen Memospielkarten ist die Vorgehensweise ähnlich, beansprucht aber möglicherweise mehr Zeit.

Entscheiden Sie sich für acht bis zwanzig Wörter. Schreiben Sie das deutsche Wort auf ein Flipchart und legen Sie dann ein Rechteck mit passender Größe darauf, sodass der Begriff verdeckt ist. Nun schreiben Sie die englische Übersetzung auf das Flipchart und verdecken auch diese. Wenn Sie mit einem Duplikat des Objekts arbeiten, müssen Sie sicherstellen, dass die Rechtecke die gleiche Größe haben. Für weitere Karten gehen Sie ebenso vor.

Tipp Machen Sie es den Schülerinnen und Schülern nicht zu leicht und bieten Sie nicht zu wenige Karten an! Auch kann die Methode als Wettkampfspiel durchgeführt werden.

Variante Die Kartenpaare können unterschiedlicher Art sein: Bild – Bild, Bild – Wort, Rechnung – Ergebnis, Beschreibung – Objekt, Bildausschnitt – Gesamtbild, Frage – Antwort. Unter den Karten können auch kleine Audio- oder Videodateien versteckt sein.

Beispiel

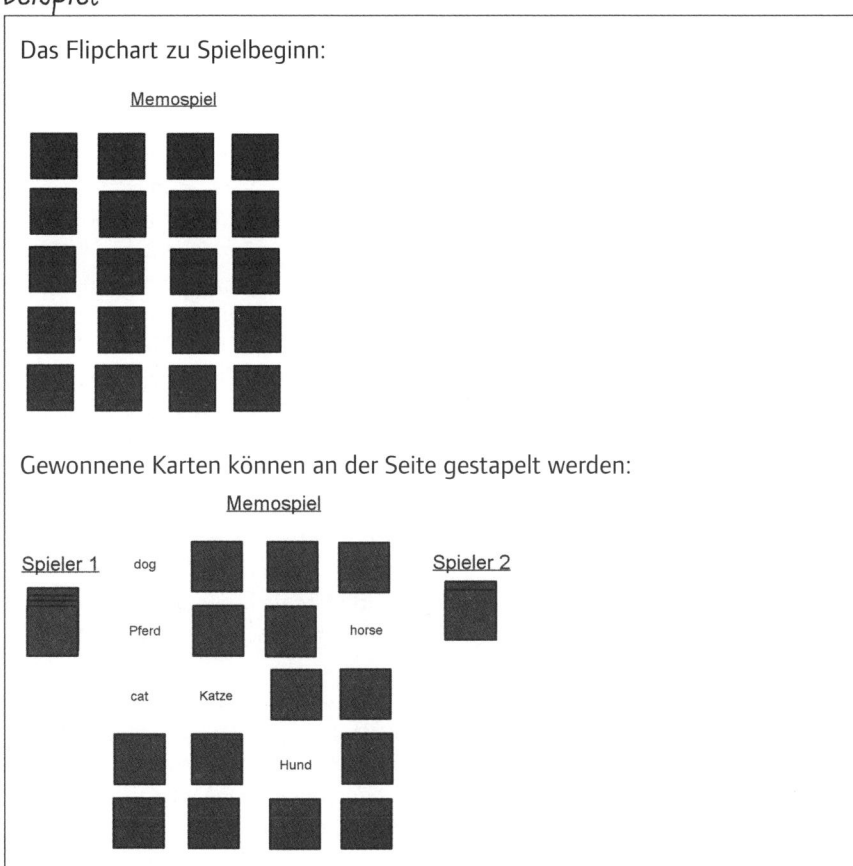

→ Domino

Einsatzmöglichkeiten
Die Methode eignet sich für
· die Einübung und das Festigen von Lerninhalten,
· einen wiederholenden Einstieg.
(Zeitbedarf: ca. 20 Min.)

Vorbereitung
Für die Vorbereitung muss ein Whiteboard-Programm verwendet werden.

Ziel der Methode
Ziel der Methode ist die Einübung und Festigung von Lerninhalten.

Beschreibung
Die Domino-Methode verbindet das Lernen mit dem Spielen. Einsetzbar für viele Lerninhalte macht es den Schülerinnen und Schülern Spaß, ihr Wissen aktiv zu zeigen.
Die Methode kann auch als Station im offenen Unterricht eingesetzt werden. Das Spiel kann entweder von einem Schüler oder mithilfe einer Meldekette von der ganzen Klasse erarbeitet werden.
Für die Unterrichtsvorbereitung muss am Whiteboard zuerst ein Rechteck als Objekt gezeichnet werden, dies ist die eine Hälfte des Dominosteins. Um eine gleich große zweite Hälfte zu erhalten, wird das Objekt dupliziert oder es werden die Funktionen „Kopieren" und „Einfügen" verwendet. Nun müssen die beiden Rechtecke zu einem Dominostein verbunden werden. Hierzu werden die Objekte Seite an Seite gelegt und gruppiert. Damit ist der erste Dominostein fertig und kann vervielfältigt werden.
Im nächsten Schritt müssen die Dominosteine in einer Reihenfolge angeordnet werden. Dieses Flipchart sollte man als Muster abspeichern, damit für die Methode ein Rohling abrufbar ist.
Die Dominoinhalte können in den jeweiligen Hälften beschrieben bzw. Bilder oder Audiodateien können einfügt werden. Nach der Fertigstellung eines jeden Steins muss der Inhalt mit dem Rechteck zusammmen gruppiert werden, sonst wird beim Bewegen des Steines nur das Rechteck ohne Inhalt bewegt.
Wenn alle Dominosteine ausgefüllt sind, werden diese auf dem Flipchart neu verteilt.

Tipp Was am interaktiven Whiteboard gezeigt wird, kann von den Schülerinnen und Schülern entweder schon vorbereitet worden sein oder als Arbeitsauftrag zur späteren Bearbeitung herausgegeben werden. Die unsortierte Methodenseite muss dafür nur ausgedruckt werden.

Beispiel

Die Methode eignet sich gut zum Vokabeltraining. Die Kärtchen auf dem Flipchart sind am Anfang unsortiert:

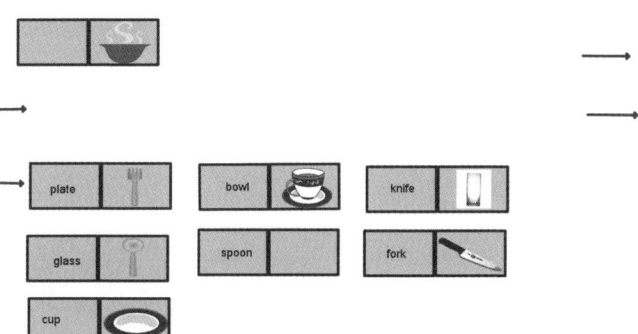

Am Ende liegen die Dominokarten in der richtigen Reihenfolge:

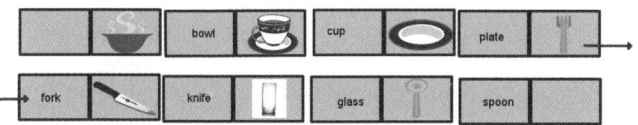

Die Methode ist vielfältig einsetzbar und bietet zahlreiche Verwendungsmöglichkeiten. Auch ein Einsatz im Mathematikunterricht ist möglich:

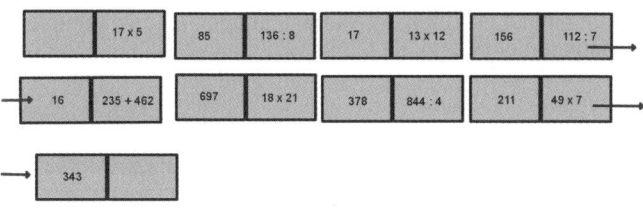

→ Puzzle

Einsatzmöglichkeiten
· Gedichte, Vorgangsbeschreibungen, Rechenschritte, Strukturen usw. können als Puzzle erstellt werden.
· Die Aufgabe kann in Einzel-, Partner- oder Gruppenarbeit gelöst werden. (Zeitbedarf: ca. 15 Min.)

Vorbereitung
Das Puzzle muss ausgehend von der Lösung vorbereitet werden.

Ziel der Methode
Ziel der Methode ist die richtige Zusammensetzung der Puzzleteile durch die Schülerinnen und Schüler, die auf diese Weise sprachliches und inhaltliches Wissen erarbeiten und festigen können.

Beschreibung
Die Schülerinnen und Schüler sollen ein Puzzle zusammensetzen. Hierfür müssen die einzelnen Objekte am Whiteboard an den richtigen Platz verschoben werden, sodass ein fertiges Produkt hergestellt bzw. wiederhergestellt wird. Die Motivation der Lerner wird hoch sein, da die Lösung schnell erzielbar und überprüfbar ist. Vor der Erarbeitung durch die Schülerinnen und Schüler muss das Puzzle von der Lösung ausgehend erstellt werden. Schreiben Sie das fertige Produkt auf ein Flipchart. Dabei muss beachtet werden, dass jedes Puzzleteil in einem eigenen Textfeld erstellt wird, sonst kann es später nicht separat bewegt werden. Anschließend verschieben Sie die einzelnen Puzzleteile auf dem Flipchart und speichern dieses ab.

Tipp Eine Differenzierung innerhalb der Methode ist durch die Erstellung von verschiedenen Puzzles möglich, die sich in der Größe ihrer Puzzleteile unterscheiden: ein Puzzle mit kleineren, ein anderes mit größeren Puzzleteilen.

Variante · Das Weglassen von Schlüsselwörtern in Textpuzzleteilen erhöht die Schwierigkeit.
· Auch das Einfügen von alternativen oder zusätzlichen Puzzleteilen ist möglich.
· Das Puzzle kann der Klasse als Arbeitsblatt ausgehändigt werden.

Beispiel

Gedichtpuzzle:

Arbeitsauftrag: Setze die Satzteile so zusammen, dass eine Gedichtstrophe entsteht.

In den Fluss vom hohen Stein?

Wo die vielen Bäche gehen   Und die stillen Schlösser sehen

Von dem Söller in den Grund,

Wunderbar im Mondenschein

Lockt´s dich nicht, hinabzulauschen

Lockung   Joseph von Eichendorff (1834)

Hörst du nicht die Bäume rauschen   Draußen durch die stille Rund?

Lösung:

Arbeitsauftrag: Setze die Satzteile so zusammen, dass eine Gedichtstrophe entsteht.

Joseph von Eichendorff (1834)

Lockung

Hörst du nicht die Bäume rauschen
Draußen durch die stille Rund?
Lockt´s dich nicht, hinabzulauschen
Von dem Söller in den Grund,
Wo die vielen Bäche gehen
Wunderbar im Mondenschein
Und die stillen Schlösser sehen
In den Fluss vom hohen Stein?

Text aus: Hartwig Schultz (Hrsg.): Joseph von Eichendorff. Werke in sechs Bänden, Bd. 1. Deutscher Klassiker-Verlag: Frankfurt 1987, S. 308–309.

→ Apps für Präsentationen

Einsatzmöglichkeiten

Die Apps eignen sich für
- interaktive Präsentationen,
- die Erstellung von Lerntutorials,
- das Konzept des „umgedrehten Unterrichts".

Vorbereitung

Installation der App. Die hier vorgestellten Apps gibt es in einer kostenlosen Version.

Ziel der Methode

Ziel der Methode ist die Erstellung und Präsentation von interaktiven Vorträgen mithilfe eines Tablets.

Beschreibung

Dass Präsentationen mit digitalen Medien mittlerweile mehr Möglichkeiten bieten als die üblichen PowerPoint-Vorträge, zeigt sich an den hier vorgestellten Apps. Die App *Nearpod* ermöglicht es, interaktive Präsentationen zu erstellen und die Lernprozesse der Teilnehmer nachzuvollziehen. Die Lehrkraft kann eine Unterrichtseinheit planen und bei einzelnen Sequenzen Aktivitäten für die Schülerinnen und Schüler hinzufügen. Beispielsweise sollen die Lernenden nach einem Film, Arbeitsblatt oder nach dem Auflegen von Folien Fragen beantworten, Zeichnungen anfertigen oder Arbeitsaufträge bearbeiten. Die Kontrolle des Lernprozesses liegt bei der Lehrkraft, sie kann entscheiden, wann welche Aktivitäten freigeschaltet werden und die Arbeitsergebnisse individuell oder im Plenum kommentieren. Bei der Erstellung eines Quiz erfolgt die Korrektur automatisch. Für die Anwendung benötigen die Schülerinnen und Schüler die o. g. App auf ihrem Smartphone oder Tablet.

Eine andere App für die Gestaltung eines interaktiven Unterrichts ist *Ask3*. Hier kann die Lehrkraft ein kurzes Lernvideo erstellen (etwa die Abfolge von Folien oder der Ablauf eines Experiments). Dieses Video wird in einem virtuellen Klassenzimmer bereitgestellt und die Schülerinnen und Schüler können es sich dort anschauen. Wenn Fragen oder Probleme aufkommen, können diese über Textnachrichten oder sogar über eigene Video- und Audiobeiträge der Schülerinnen und Schüler thematisiert werden. Der Eintrag erscheint dann in einer Art Zeitleiste im Unterrichtsvideo auf allen angemeldeten Tablets und kann von Mitschülern oder der Lehrkraft beantwortet werden.

Eine Kombination von Lernvideo und Präsentation bietet die App *9slides*. Hier werden die einzelnen Folien einer Präsentation zusammen mit einem Lernvideo gezeigt. Auf der einen Hälfte des Bildschirms wird eine PDF-Datei angezeigt, die dann von der Lehrkraft anhand eines Videos in der zweiten Bildschirmhälfte erklärt wird. Ein Vorteil dieser Methode ist, dass der Lernprozess nicht zeitlich und örtlich eingeschränkt ist, der Film kann beispielsweise zu Hause zur Vertiefung noch einmal angeschaut werden oder nach einiger Zeit zur Wiederholung. Für die klassischen Folienpräsentationen bieten sich auf dem Tablet die beiden Apps *Keynote* und *PublishMe* an. *Keynote* ist von Apple extra für das Anfertigen von Präsentationen auf tragbaren Endgeräten entwickelt worden und ist deshalb in der Benutzung sehr ausgereift und umfangreich. Die App *PuplishMe* bietet eine einfache und leicht zu bedienende Alternative zum Erstellen und Vorführen von Präsentation mit dem Tablet.

TiPP Durch die interaktiven Präsentationsapps kann Unterricht „umgedreht" werden. Die Lerninhalte können von den Schülerinnen und Schülern vorbereitet werden und die Anwendung und Besprechung erfolgt in der Schule. Das Konzept dieser Methode wird „flipped classroom" oder „inverted teaching" genannt.

Beispiel

Bei der App *Ask3* erscheinen die Schülerfragen auf eine Zeitleiste unterhalb des Vortrags und können durch die Mitschüler beantwortet werden. Es ist auch möglich, Screenshots anzufertigen und diese zu bearbeiten.

 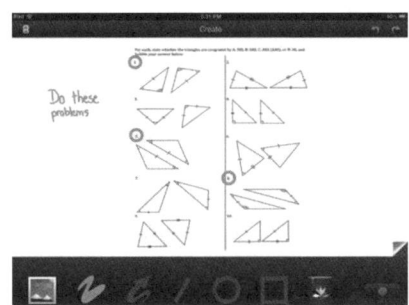

aus: http://www.techsmith.com/ask3.html (02.04.2014)

→ Apps zum Lernen

Einsatzmöglichkeiten
Die Apps eignen sich zum
- Erstellen von Umfragen und Feedbacks,
- Lernen mit dem Karteikastensystem,
- Erstellen virtueller Quizfragen,
- Auswerten von Schülerantworten,
- Durchführen anonymer Umfragen nach dem Lernstand.

Vorbereitung
Installation der App. Die vorgestellten Apps gibt es in einer kostenlosen Version.

Ziel der Methode
Ziel der Methode ist das Lernen mit einem Tablet unter Einbeziehung der Vorteile des digitalen Mediums.

Beschreibung
Die App *Loop Survey* bietet die Möglichkeit, Umfragen und Feedbacks schnell und einfach zu erstellen (oft können die Vorlagen übernommen werden). Die Schülerinnen und Schüler können damit leicht eine Rückmeldung zur Unterrichtsstunde geben, den aktuellen Lernstand visualisieren oder eine Präsentation bewerten. Umfragen können per PC, Smartphone oder Tablet durchgeführt werden, ein Gerät kann dabei auch von verschiedenen Nutzern verwendet werden. Für die Teilnahme an der Befragung muss die App nicht auf dem Gerät des jeweiligen Nutzers installiert sein. Die Zusendung erfolgt per SMS, E-Mail oder Link. Die Lehrkraft kann die Auswertung in der App ansehen und diese auch per E-Mail exportieren.

Für die Erarbeitung einfacher Lerninhalte bietet sich die App *Evernote Peek* an, die speziell für das iPad mit Smartcover entwickelt wurde. Durch die Aktivierung der virtuellen Abdeckung in den Einstellungen funktioniert sie aber auch auf anderen Tablets. Das Lernprinzip der App ist das Karteikastensystem. Nachdem die gewünschten Lerninhalte eingegeben wurden, können sie folgendermaßen abgefragt werden: Bei der Anhebung des Smartcovers erscheint zuerst die Frage, bei der weiteren Anhebung die Lösung. Wird die Frage richtig beantwortet, kann die Lernkarte markiert werden. Am Ende berechnet die App, wie viele Fragen richtig sind, und speichert den Lernfortschritt. Es können nicht nur Textfragen formuliert, sondern auch Audioaufnahmen und Bilder eingefügt werden.

Für das Anfertigen eines ganzen Quiz mit verschiedenen Abfragemöglichkeiten bietet sich die App *Socrative* an. Diese gibt es in zwei Versionen: In *Socrative teacher* können die Fragen erstellt und das Quiz kann später ausgewertet werden. Die Version *Socractive student* wird für die Quizdurchführung benötigt. Die Lehrkraft kann nach einer Registrierung mit E-Mail und Passwort kleine Tests erstellen, zum Bearbeiten müssen die Schülerinnen und Schüler nur eine virtuelle Raumnummer eintippen und können schon loslegen. Das Programm kann nicht nur über die App, sondern auch im Internet benutzt werden.

Beispiel

Bei der App *Socrative* hat die Lehrkraft die Auswahl zwischen vielen verschiedenen Quizmöglichkeiten. Die Auswertung kann per E-Mail oder Datei exportiert werden.

aus: http://www.socrative.com
(02.04.2014)

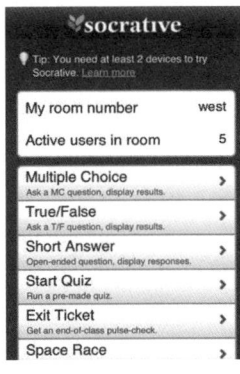 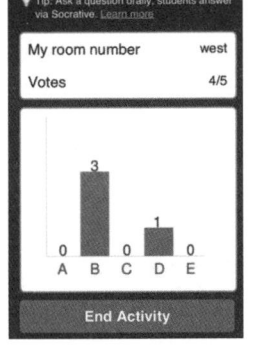

Durch die große Auswahl von Vorlagen, kann bei der App *Loop Survey* leicht eine Umfrage erstellt werden. Auch die Auswertung ist sehr übersichtlich und kann direkt in der Klasse besprochen werden.

aus: http://www.loopsurvey.com
(02.04.2014)

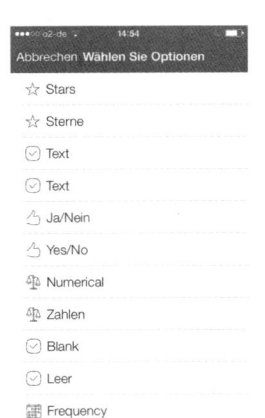 

→ Apps zur Gestaltung von Mindmaps

Einsatzmöglichkeiten

Die Apps eignen sich für
- Brainstorming,
- die Organisation von Projekten,
- die Wissensstrukturierung,
- die Texterarbeitung.

Vorbereitung

Installation der App. Die hier vorgestellten Apps gibt es in einer kostenlosen Version.

Ziel der Methode

Ziel der Methode ist die Erstellung von Mindmaps auf einem Tablet.

Beschreibung

Es gibt eine große Anzahl von Mindmapping-Werkzeugen als App. Sie sind in der Regel leicht anzuwenden und für Smartphones und Tablets verfügbar.

Die App *Simplemind* hat in der kostenlosen Basisversion schon eine große Auswahl von Funktionen: Es gibt Schnellverbinder, eine Vielzahl von Farben, Linien und Formen, die Organisation kann durch „drag" und „drop" leicht verändert werden und die Map-Größe ist unbegrenzt. Die App ist daher für den alltäglichen Schulgebrauch zu empfehlen.

Die App *Inspiration Maps Lite* sticht durch ihre große Anzahl von Vorlagen heraus. Für viele Unterrichtssituationen findet man hier eine Mustermindmap. Eine Besonderheit der App ist die Möglichkeit, Maps in Listenformen zu erstellen. In der Basisversion hat man zwar nicht die umfangreichen Exportmöglichkeiten der Vollversion, auch ist die Anzahl der Maps begrenzt, aber die übrigen Funktionen der Vollversion sind vorhanden.

Auch die App *Popplet* ist ein beliebtes Werkzeug, um Mindmaps zu erstellen. Wegen der einfachen Anwendung kann diese App auch gut in unteren Klassenstufen eingesetzt werden.

Tipp Fertigen Sie die ersten Mindmaps zusammen mit den Schülerinnen und Schülern an und beschränken Sie die Anzahl der Stränge auf maximal vier. Lassen Sie die weiteren Funktionen der Programme an einer gemeinsamen „Basis-App" spielerisch erkunden.

Variante Für manche Apps gibt es kostenlose Internetprogramme, diese können miteinander verknüpft werden.

Beispiel

Die App *Simplemind* ermöglicht schnelle und übersichtliche Mindmaps:

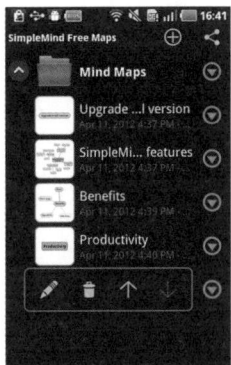 

aus: https://play.google.com/store/apps/details?id=com.modelmakertools. simplemindfree&hl=de (02.06.2014), © www.simpleapps.eu/XPT.nl

Bei der App *Inspiration Map Lite* gibt es eine große Auswahl von Vorlagen:

aus: http://www.inspiration.com/inspmaps (04.04.2014)

→ Apps zur Gestaltung von Tafelbildern

Einsatzmöglichkeiten

Die Apps eignen sich für
- die Gestaltung von Tafelbildern auf dem Tablet,
- die Erweiterung von interaktiven Whiteboards,
- die Präsentation des Tabletbildes,
- kollaborative Textarbeit,
- eine Dokumentenkamera mit Bearbeitungsfunktionen.

Vorbereitung

Installation der App. Verbindung des iPads mit einem Beamer oder dem interaktiven Whiteboard.

Ziel der Methode

Ziel der Methode ist die Gestaltung von Tafelbildern auf dem Tablet und damit auch die Erweiterung des interaktiven Whiteboards.

Beschreibung

Es gibt viele Apps, die versuchen, das Tablet als Whiteboard-Erweiterung zu nutzen und damit Tafelbilder zu erarbeiten. Die Apps, die diese Aufgabe am besten bewältigen, sind *BaiBoard, Doceri* und *Notes Plus*. Sie besitzen die Standardfunktionen, wie etwa unterschiedliche Stifte, Farben, Marker, Zeichenwerkzeuge, geometrische Formen, Bildimport, Textformatierungen und Handschriftenerkennung. Hinzu kommen die Möglichkeiten, die Gestaltung eines Tafelbildes als Videozeitleiste zu speichern und somit die Erarbeitung genau zurückverfolgen zu können. Für den Unterricht sind auch die zahlreichen Möglichkeiten des kollaborativen Arbeitens bei der App *BaiBoard* hilfreich, man kann leicht gemeinsam an einem Dokument arbeiten und sich über die Chatfunktion austauschen. Die Lehrkraft kann vorbereitend Gruppen anlegen und ihnen Mitgliedernamen, Material und Arbeitsaufträge zuordnen.

Für die Verwendung des Tablets als Dokumentenkamera bietet sich die App *Stage* an. Hiermit können dem Livebild schriftliche Notizen hinzugefügt werden, Screenshots können weiterbearbeitet und sogar Videos gespeichert und mit Anmerkungen versehen werden. Letztlich ist aber eine Tablet-Halterung notwendig, um sinnvoll arbeiten zu können.

Mit der App *Notability* lassen sich Arbeitsblätter, Fotos oder Tafelbilder um Audiokommentare ergänzen. Neben den üblichen Textverarbeitungsmöglichkeiten können Audiodateien aufgenommen und dem Text hinzugefügt werden, die z. B. beim Antippen eines Wortes oder Bildes abgespielt werden. Dies kann im Unterricht nützlich sein, um einem Text Erklärungen, Lösungen oder Hilfestellungen hinzuzufügen oder um das Einüben der richtigen Aussprache in einer Fremdsprache zu erleichtern.

 TiPP Für die Verbindung des Tablets mit dem Beamer bzw. dem interaktiven Whiteboard bietet sich neben einem Kabel auch *AirPlay* an. Wenn der Beamer nicht ans WLAN angeschlossen ist, kann außerdem die *AppleTV Box* dazwischengeschaltet werden.

Beispiel

Die App *BaiBoard* bietet die Möglichkeit, Tafelbilder mit anderen zu teilen und gemeinsam daran zu arbeiten. Dokumente/Bilder können auch bearbeitet werden.

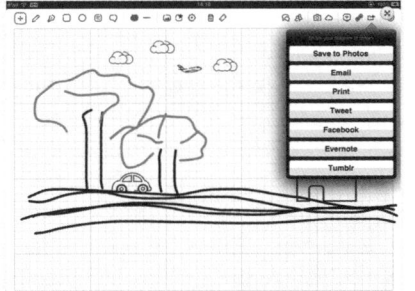 

aus: http://www.baiboard.com (02.04.2014), © LightPlaces Ltd.

Die App *Stage* funktioniert wie eine Dokumentenkamera, durch die Kamera des Tablets können Objekte aufgenommen werden. Die Einzelbilder bzw. Videos können um Notizen, Zeichnungen oder Hervorhebungen ergänzt werden.

aus: http://belkinbusiness.com/Tablet_Stage_and_Stage_App (02.04.2014)

→ Apps zur Textverarbeitung

Einsatzmöglichkeiten
Die Apps eignen sich für
· die Textverarbeitung,
· die kollaborative Textarbeit,
· die Verwaltung von Dokumenten,
· ein professionelles Textlayout.

Vorbereitung
Installation der App. Alle hier vorgestellten Apps gibt es in einer kostenlosen Version.

Ziel der Methode
Ziel der Methode ist eine produktive und einfache Textverarbeitung auf dem Tablet unter Einbeziehung kostenloser Apps.

Beschreibung
Bezüglich der Textverarbeitung ist an erster Stelle die Basis-App *Pages* zu nennen. Das Programm wurde von Apple entwickelt und bietet viele Funktionen für die Textverarbeitung auf Mobilgeräten. Der Nutzer kann unter mehr als 60 Vorlagen wählen oder ein neues leeres Dokument öffnen und gestalten. Die Texte können mit den üblichen Formatierungsmöglichkeiten bearbeitet werden. Sehr hilfreich sind die schnelle Importierung von Textdateien und die Möglichkeiten, Dokumente mit anderen zu teilen oder in der iCloud zu speichern. Erarbeiten mehrere Nutzer einen Text, kann durch das Änderungsprotokoll und Kommentare die Entstehung der gemeinschaftlichen Arbeit verfolgt werden.
Die App *Quip* ist ebenfalls ein geeignetes Werkzeug für das kollaborative Arbeiten an einem Text. Es kann damit gleichzeitig an einem Text gearbeitet werden, der Kommunikation innerhalb einer Gruppe dient ein interner Chat. Die Veränderungen werden protokolliert und können in der History-Leiste nachverfolgt werden. Für das Drucken und Herunterladen des Textes muss man sich auf der Homepage von *Quip* einloggen. Um mit der App arbeiten zu können, ist eine Anmeldung per E-Mail erforderlich.
Die App *Goodreader* sollte auf jedem iPad installiert sein, da sie für das Lesen, das Bearbeiten und die Verwaltung von Dateien unerlässlich ist. Neben den sehr guten Möglichkeiten der Datenverwaltung, des Datentransfers und der Synchronisierung bietet *Goodreader* zusätzlich die Möglichkeit zum Annotieren der Dokumente. Hier können geöffnete Dokumente um Textfelder, Kommentar-

boxen, Linien, Markierungen, handschriftliche Notizen usw. ergänzt und danach mit anderen Nutzern geteilt werden.

Die App *Quark* ermöglicht es, am Tablet ein professionelles Textlayout durchzuführen. Aus zahlreichen Vorlagen kann ein passendes Layout gewählt werden. Ob Flyer, Newsletter oder Poster – für viele Wünsche gibt es das passende Design. Die Platzhalter können mit Texten und Bildern gefüllt und danach noch in der Größe und Position verändert werden. Der Export ist in der Grundfunktion nur als Foto möglich. Mit der kostenpflichtigen Erweiterung *Pro Feature Pack* sind weitere Möglichkeiten, wie etwa PDF oder PNG, freigeschaltet.

TiPP Textverarbeitungsapps ersetzen nicht das Arbeiten an einem PC, sondern können nur spezielle Aufgaben, wie das kollaborative Arbeiten oder Annotieren von Dokumenten, erfüllen.

Variante Es gibt eine große Anzahl von Office-Apps, die der Textverarbeitung dienen und ähnliche Funktionen wie die hier beschriebenen Apps besitzen. Meistens gibt es eine kostenlose Basisversion, dies sollte vor dem Kauf einer Vollversion getestet werden.

Beispiel

Die App *Quip* ermöglicht kollaborative Textarbeit. Es kann an einem Text gearbeitet und gleichzeitig ein interner Chat geführt werden.

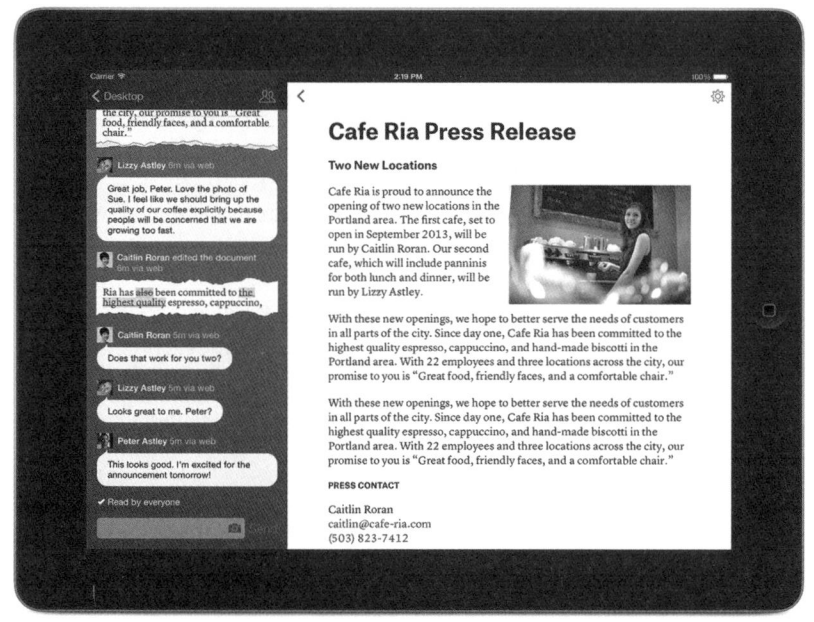

aus: https://quip.com/about/ (04.04.2014)

→ Apps zur Bildbearbeitung

Einsatzmöglichkeiten
Die Apps eignen sich für
- die Beschriftung von Bildern,
- das Hinzufügen von Formen und Pfeilen auf Fotos,
- die Erstellung und Organisation von Screenshots,
- die Erstellung eines eigenen Memospiels,
- die Comicerstellung,
- das Scannen von Dokumenten.

Vorbereitung
Installation der App. Speicherung der benötigten Fotos auf dem Tablet.

Ziel der Methode
Ziel der Methode ist eine unkomplizierte Bearbeitung und Verwendung von Bildern im Unterricht.

Beschreibung
Die App *Sketch* ermöglicht es, Fotos, Karten, PDF-Dateien, Screenshots und sogar Internetseiten zu beschriften und weitere Formen und Zeichen hinzuzufügen. Die Bilder werden dann in der Organisationsapp *Evernote* gespeichert und organisiert. Für die Verwendung im Unterricht kann die App die Bilder per E-Mail senden oder mit *Airplay* zeigen.

Die App *Comic Life 2* ist zwar kostenpflichtig, allerdings auch die beste App für die Gestaltung eigener Comics. Zu Beginn kann zwischen verschiedenen Comiclayouts gewählt werden, dann werden die eigenen Bilder eingefügt. Den typischen Comicstil erhält die Arbeit durch das Ergänzen von Texteffekten. Am Ende können die Comics in verschiedenen Bildformaten gespeichert und ausgedruckt werden.

Die App *Youmatch* ermöglicht die unkomplizierte Gestaltung eines eigenen Memospiels. Für den Unterricht lässt sich dies auf verschiedene Weise nutzen, z. B. in der Übungsphase. Eine zusätzliche Schülermotivation ist die Spielhighscore-Liste.

Zur Digitalisierung von Arbeitsblättern, Karten oder Tafelanschriften kann die App *Scanner Pro* empfohlen werden. Mit dieser App können Dokumente gescannt und als PDF gespeichert werden. Die Begrenzungen der Seite oder Tafel erkennt das Programm automatisch und verbessert unmittelbar die Bildqualität. Die eingescannten PDFs können direkt in den Organisationsapps *Dropbox* oder *Evernote* gespeichert werden (siehe Seite 79 f.), selbstverständlich sind auch das Ausdrucken sowie der Versand per E-Mail möglich.

Beispiel

Mit der App *Comic Life 2* können eigene Comics erstellt werden. Der Comiceindruck wird durch verschiede Möglichkeiten von Texteffekten erreicht.

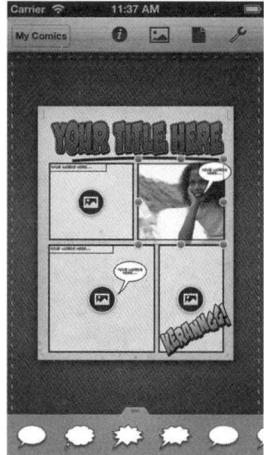  

aus: http://plasq.com/products/comiclife/ios/reviews#reviews (02.04.2014)

Durch die App *Skitch* können Bilder und Karten um Texte, Pfeile usw. ergänzt und in der Organisationsapp *Evernote* gespeichert werden.

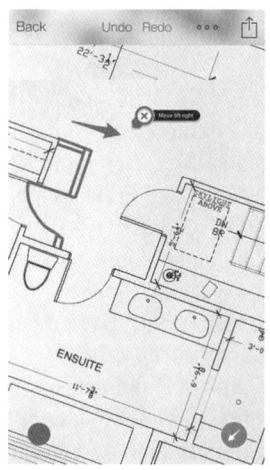 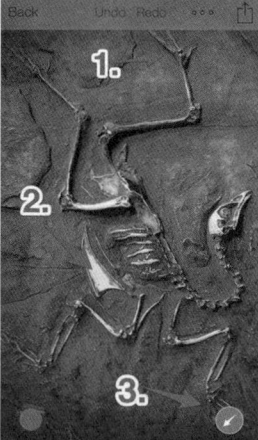

aus: http://evernote.com/intl/de/skitch/ (02.04.2014), © Evernote/EMEA

→ Apps zur Unterrichtsorganisation

Einsatzmöglichkeiten
Die Apps eignen sich für
- den Datenaustausch,
- die Online-Datenspeicherung,
- die Synchronisation auf allen Geräten,
- den papierlosen Unterricht.

Vorbereitung
Installation der App. Bei der Verwendung von Apps zur Speicherung und zum Austausch von Schülerdateien muss man sich über den Datenschutz Gedanken machen, da die Daten nicht in Deutschland, sondern meist in den USA gespeichert werden.

Ziel der Methode
Ziel der Methode ist die Verbesserung der Unterrichtsorganisation durch die Verwendung von Apps.

Beschreibung
Für die Speicherung der eigenen Unterrichtsvorbereitung an einem virtuellen Speicherort bieten sich das Programm und die dazugehörige App von *Dropbox* an. Bei der Anmeldung erhält man zwei GB kostenlosen Speicher, auf alle Daten, die in diesem Speicher sind, kann geräteunabhängig zugegriffen werden.
Die App *Evernote* kann als Universalapp für die Unterrichtsorganisation bezeichnet werden. Durch *Evernote* werden die Stundenplanung, Dokumentenspeicherung, Datenablage und Datensynchronisation erleichtert, denn man behält leichter den Überblick, wenn Notizen, Texte, Fotos und Audiodateien an einem Ort gespeichert werden. Es empfiehlt sich für den Unterricht, pro Klasse und Unterrichtsfach ein Notizbuch in der App *Evernote* anzulegen. Dort können dann die entsprechenden Dateien gespeichert werden und sind schnell abrufbar. Die App ist plattformunabhängig, d. h., Dateien und Notizen, die auf dem Smartphone erstellt wurden, sind auch vom PC oder Tablet abruf- und bearbeitbar.
Die Apps *eBackpack* und *Showbie* sind Lernplattformen, die durch ihre einfachen Bedienungsoberfläche und große Funktionalität überzeugen. Der Datenaustausch zwischen Lehrkräften und Schülern kann damit schnell erfolgen und wird automatisch organisiert. Die beiden Programme sind besonders für die Nutzung von Tablets geeignet.

Beispiel

Wie die App *Showbie* arbeitet:

Austeilen	**Einsammeln**	**Bewerten**
	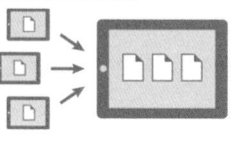	
Arbeitsaufträge können an die Schülerinnen und Schüler virtuell verteilt werden.	Schülerdateien können eingesammelt werden.	Die Lehrkraft kann Rückmeldung zu den Arbeiten geben.

aus: http://www.showbie.com (02.04.2014)

Die App *eBackpack* ist eine Online-Lernplattform, auf der nicht nur Aufgaben verteilt werden können, auch die Bewertung und ausführliche Besprechung von Schülerarbeiten ist möglich.

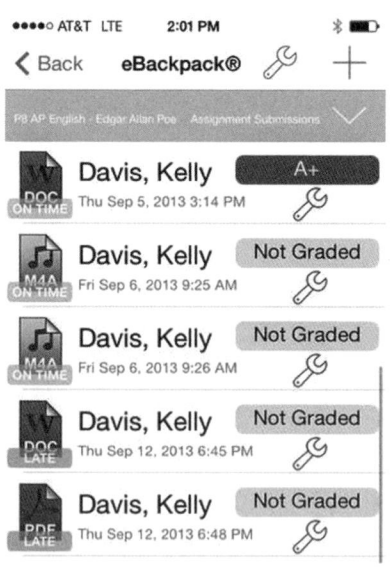

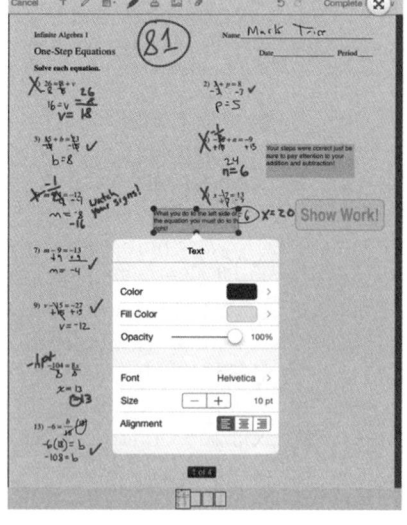

aus: https://www.ebackpack.com (02.04.2014)